Negociação
internacional

Central de Qualidade — FGV Management
ouvidoria@fgv.br

SÉRIE COMÉRCIO EXTERIOR E NEGÓCIOS INTERNACIONAIS

Negociação internacional

Ingrid Paola Stoeckicht
Dorval Olivio Mallmann
João C. Men
Yann Duzert

Copyright © 2014 Ingrid Paola Stoeckicht, Dorval Olivio Mallmann, João C. Men, Yann Duzert

Direitos desta edição reservados à
EDITORA FGV
Rua Jornalista Orlando Dantas, 37
22231-010 — Rio de Janeiro, RJ — Brasil
Tels.: 0800-021-7777 — (21) 3799-4427
Fax: (21) 3799-4430
e-mail: editora@fgv.br — pedidoseditora@fgv.br
web site: www.fgv.br/editora

Impresso no Brasil / *Printed in Brazil*

Todos os direitos reservados. A reprodução não autorizada desta publicação, no todo ou em parte, constitui violação do copyright (Lei nº 9.610/98).

Os conceitos emitidos neste livro são de inteira responsabilidade dos autores.

1ª edição, 2014.

Revisão de originais: Sandra Frank
Editoração eletrônica: FA Studio
Revisão: Diogo Henriques e Fernanda Villa Nova de Mello
Capa: aspecto:design
Ilustração de capa: Fesouza

   Negociação internacional / Ingrid Paola Stoeckicht...et al.]. — Rio de Janeiro : Editora FGV, 2014.
   144 p. — (Comércio exterior e negócios internacionais)

   Em colaboração com: Dorval Olivio Mallmann, João C. Men, Yann Duzert.
   Acima do título: Publicações FGV Management.
   Inclui bibliografia.
   ISBN: 978-85-225-1458-8

   1. Relações internacionais. I. Stoeckicht, Ingrid Paola. II. Mallmann, Dorval Olivio. III. Men, João C. IV. Duzert, Yann. V. Fundação Getulio Vargas. VI. FGV Management.

            CDD — 327

Aos nossos alunos e aos nossos colegas docentes, que nos levam a pensar e repensar nossas práticas.

Sumário

Apresentação 11

Introdução 15

1 | O mercado globalizado e o negociador internacional 19

Entendendo o ambiente globalizado 19

O mundo parece menor? 23

Globalidade de mercados. O que há de novo a considerar? 26

O mercado globalizado e o gestor internacional 27

2 | Competências de um negociador internacional de sucesso 31

Competências interpessoais e profissionais de um negociador internacional 31

Gestão de equipes multiculturais em negociações internacionais 33

Fatores que contribuem para uma negociação
internacional de sucesso   37

3 | Princípios de negociação aplicados às negociações internacionais   43

Situações de negociações internacionais   43

Princípios gerais de negociação   44

As posturas dos negociadores   49

4 | Aspectos multiculturais em negociações internacionais   59

Como construir relacionamentos além-fronteiras   59

O que afeta as negociações multiculturais   61

O individualismo e o coletivismo   64

5 | Estratégias de planejamento, preparação e implementação de um acordo internacional – matriz de negociações complexas   75

Matriz de negociações complexas   75

Etapas da negociação   77

Os 10 elementos da negociação   79

6 | Negociação internacional como gestão do risco, da informação e da decisão   87

Cognição   87

Tempo   90

Poder   91

Concessões   98

Conformidade jurídica e compromisso das partes   99

7 | **Barreiras e desafios na execução de um acordo internacional** 103

O ambiente da negociação 104

Aspectos culturais 109

Ideologias e crenças dos negociadores 110

Estruturas organizacionais e modelos de governança 112

O sistema legal e o papel do governo no mundo dos negócios 115

Os sistemas financeiros e monetários 117

Mudanças no cenário negocial e a sustentabilidade do acordo internacional 118

8 | **Diretrizes para uma negociação internacional de sucesso** 121

O que é uma negociação bem-sucedida? 122

Dicas práticas para uma negociação internacional eficaz 123

O negociador internacional de sucesso 132

Conclusão 135

Referências 139

Os autores 143

Apresentação

Este livro compõe as Publicações FGV Management, programa de educação continuada da Fundação Getulio Vargas (FGV).

A FGV é uma instituição de direito privado, com mais de meio século de existência, gerando conhecimento por meio da pesquisa, transmitindo informações e formando habilidades por meio da educação, prestando assistência técnica às organizações e contribuindo para um Brasil sustentável e competitivo no cenário internacional.

A estrutura acadêmica da FGV é composta por nove escolas e institutos, a saber: Escola Brasileira de Administração Pública e de Empresas (Ebape), dirigida pelo professor Flavio Carvalho de Vasconcelos; Escola de Administração de Empresas de São Paulo (Eaesp), dirigida pela professora Maria Tereza Leme Fleury; Escola de Pós-Graduação em Economia (EPGE), dirigida pelo professor Rubens Penha Cysne; Centro de Pesquisa e Documentação de História Contemporânea do Brasil (Cpdoc), dirigido pelo professor Celso Castro; Escola de Direito de São Paulo (Direito GV), dirigida pelo professor Oscar Vilhena Vieira; Escola de Direito do Rio de Janeiro (Direito Rio), dirigida pelo professor Joaquim Falcão; Escola de Economia de São Paulo (Eesp), dirigida pelo professor Yoshiaki Nakano; Instituto Brasileiro de Economia (Ibre), dirigido pelo professor Luiz Guilherme Schymura de Oliveira; e Escola de Matemática Aplicada (Emap), dirigida pela professora Maria Izabel Tavares Gramacho. São diversas unidades com a marca FGV, trabalhando com a mesma filosofia: gerar e disseminar o conhecimento pelo país.

Dentro de suas áreas específicas de conhecimento, cada escola é responsável pela criação e elaboração dos cursos oferecidos pelo Instituto de Desenvolvimento Educacional (IDE), criado em 2003, com o objetivo de coordenar e gerenciar uma rede de distribuição única para os produtos e serviços educacionais produzidos pela FGV, por meio de suas escolas. Dirigido pelo professor Rubens Mario Alberto Wachholz, o IDE conta com a Direção de Gestão Acadêmica pela professora Maria Alice da Justa Lemos, com a Direção da Rede Management pelo professor Mário Couto Soares Pinto, com a Direção dos Cursos Corporativos pelo professor Luiz Ernesto Migliora, com a Direção dos Núcleos MGM Brasília e Rio de Janeiro pelo professor Silvio Roberto Badenes de Gouvea, com a Direção do Núcleo MGM São Paulo pelo professor Paulo Mattos de Lemos, com a Direção das Soluções Educacionais pela professora Mary Kimiko Magalhães Guimarães Murashima, e com a Direção dos Serviços Compartilhados pelo professor Gerson Lachtermacher. O IDE engloba o programa FGV Management e sua rede conveniada, distribuída em todo o país e, por meio de seus programas, desenvolve soluções em educação presencial e a distância e em treinamento corporativo customizado, prestando apoio efetivo à rede FGV, de acordo com os padrões de excelência da instituição.

Este livro representa mais um esforço da FGV em socializar seu aprendizado e suas conquistas. Ele é escrito por professores do FGV Management, profissionais de reconhecida competência acadêmica e prática, o que torna possível atender às demandas do mercado, tendo como suporte sólida fundamentação teórica.

A FGV espera, com mais essa iniciativa, oferecer a estudantes, gestores, técnicos e a todos aqueles que têm internalizado o conceito de educação continuada, tão relevante na era do conhecimento na qual se vive, insumos que, agregados às suas práticas, possam contribuir para sua especialização, atualização e aperfeiçoamento.

Rubens Mario Alberto Wachholz
Diretor do Instituto de Desenvolvimento Educacional

Sylvia Constant Vergara
Coordenadora das Publicações FGV Management

Introdução

A globalização da economia e das atividades comerciais, a dramática redução do ciclo de vida de produtos e serviços, a rápida evolução dos recursos tecnológicos, o crescente acesso ao conhecimento e o maior nível de exigência de nossos clientes e usuários se traduziram em ambientes hipercompetitivos e num mercado consumidor que demanda maior transparência e sustentabilidade nas transações comerciais realizadas nas esferas públicas e privadas e em suas dimensões políticas, econômicas e sociais. Dentro desse cenário de complexidade crescente, a competência da negociação se impõe cada vez mais como a forma mais apropriada de resolver problemas, controvérsias e disputas, administrar conflitos e mitigar antagonismos, elementos que surgem nos mais variados cenários negociais e instâncias organizacionais.

No mercado globalizado, os países buscam formar blocos comerciais que possam torná-los mais competitivos, as empresas buscam internacionalizar suas atividades por meio da criação de redes integradas e alianças estratégicas, que visam obter economias de escala e de escopo, e seus profissionais defrontam-se cada vez mais com o desafio de conhecer e adaptar-se a novos modelos de negócios e a novas formas de realizá-los em um âmbito internacional. Além disso, as empresas estão mais empenhadas em desenvolver uma cultura corporativa com perspectiva intercultural, demandando que seus gestores se internacionalizem.

Na esfera das negociações internacionais, o negociador irá, certamente, se deparar com os mais diversos desafios profissionais e pessoais, exigindo que desenvolva uma série de competências técnicas e comportamentais, visando obter acordos sustentáveis por meio de modelos de negócios diferenciados que contemplem a criação de ativos tangíveis e intangíveis para sua a organização, o mercado e a sociedade como um todo.

Assim, surge a figura do *negociador global*, profissional com profundo entendimento da dinâmica da globalização e seus impactos, na condução das negociações nas quais se encontra inserido. Um profissional cada vez mais ciente da importância do papel que os fatores culturais desempenham nas negociações internacionais e que entende que a adaptação às diferenças culturais que permeiam o processo da negociação e sua dinâmica nos níveis interpessoal, inter e intraorganizacional e internacional são essenciais para o sucesso nas negociações. Por outro lado, o crescente volume de negócios realizados no âmbito global, tanto por pequenas e médias empresas quanto por grandes conglomerados, e a necessidade de conformidade às normas da Organização Mundial do Comércio (OMC) vêm provocando um novo fenômeno: a internacionalização dos parâmetros negociais (Martinelli, Ventura e Machado, 2003).

Diante deste paradoxo, o negociador se confronta com a necessidade de reavaliar as estratégias e abordagens de negociação que usualmente adota, de maneira a conformá-las à diversidade de cenários negociais nos quais estará inserido. Deverá, em última instância, buscar um equilíbrio e criar pontes entre a similaridade dos parâmetros dos negócios e as diferenças culturais a fim de viabilizar negociações límpidas, objetivas e frutíferas (Salacuse, 2003). Isso demanda do gestor que atua na esfera internacional uma transformação radical na maneira de se preparar, elaborar, conduzir e implementar um acordo internacional. Por meio da compreensão da multiplicidade de fatores que podem interferir no sucesso de uma negociação internacional, o negociador global deve, portanto, usar técnicas, táticas e estratégias que melhor interajam e se integrem às práticas e aos estilos de negociação utilizados em diferentes regiões e países.

O negociador, em sua atuação global, certamente enfrentará inúmeras barreiras na busca de um acordo sustentável para as partes envolvidas, dificilmente encontrando-se em uma zona de conforto. Em meio a seus principais desafios estão entender e gerenciar a tensão entre estratégias de cooperação e competição adotadas em diversos países, regiões e segmentos de mercado; saber criar e reivindicar o maior valor possível dentro do processo de negociação; e atender aos interesses das partes, assegurando os objetivos da organização na negociação.

É fundamental notar que uma negociação, no âmbito da organização, é um projeto. Cada negociação tem um escopo definido, um objetivo a ser alcançado, no qual a organização está comprometendo recursos humanos, financeiros e tecnológicos, tempo e inteligência. Portanto, toda negociação deve ser tratada como um processo organizacional, cujo objetivo deve ser atingido dentro de um período e de um orçamento específico. Isso faz com que a competência da negociação não se circunscreva unicamente a uma habilidade individual, mas deva ser desenvolvida no nível das equipes, da organização e de um país como um todo.

O objetivo deste livro é transmitir a essência e as implicações do tema negociação internacional. Para tanto, ele aborda as principais estratégias, técnicas e habilidades necessárias para que um gestor internacional atue com sucesso em um mundo de negócios cada vez mais globalizado. O livro está estruturado em oito capítulos. O primeiro aborda o mercado globalizado e o negociador internacional. Traz uma reflexão sobre a dinâmica da realidade atual, precipitada principalmente pelo tema da globalização de mercados e influenciada pela alta velocidade dos meios de comunicação, e os desafios enfrentados pelo gestor global. O segundo capítulo descreve as principais competências profissionais e interpessoais que um negociador internacional deve desenvolver para obter sucesso em suas negociações, visando à sustentabilidade de um acordo na esfera internacional. O terceiro capítulo descreve as abordagens da negociação integrativa e distributiva e a dinâmica das negociações internacionais, além de analisar alguns aspectos da postura dos negociadores. O capítulo 4 analisa os aspectos multiculturais em negociações internacionais, concentrando-se nos 10 países com os quais o Brasil mantém a maior corrente de comércio. O quinto capítulo descreve os princípios e estratégias de planejamento, preparação e implementação de um acordo internacional e apresenta a matriz de negociações complexas, uma abordagem avançada de negociação. O sexto capítulo mostra a negociação como um processo cognitivo de gestão do risco, da informação e da decisão, tornando o elemento poder de persuasão menos importante que o aprendizado conjunto e a busca de soluções conjuntas elegantes, racionais e satisfatórias. No capítulo 7, são descritas as principais barreiras e desafios que um negociador internacional encontra na elaboração, execução e sustentabilidade de um acordo internacional. No oitavo e último capítulo apresentamos as principais diretrizes que podem ser aplicadas pelo gestor para obter sucesso nas negociações internacionais, e, ao final, são apresentadas conclusões, com reflexões sobre os desafios encontrados ao negociar em um ambiente globalizado.

1

O mercado globalizado e o negociador internacional

Este capítulo trata de aspectos gerais relacionados ao tema negociação inseridos em um contexto de ambiente de negócios multiculturais e de desafios enfrentados pelo gestor global. Traz uma reflexão sobre a dinâmica da realidade atual, precipitada principalmente pelo tema globalização de mercados e influenciada pela alta velocidade dos meios de comunicação. O cenário competitivo dos dias atuais interfere no modo de condução dos negócios das organizações, não importando onde estejam localizadas ou a que segmentos pertençam.

Entendendo o ambiente globalizado

Cada indivíduo, segundo seu grau de sensibilidade, assertividade, capacidade de análise e maturidade na compreensão das relações, negociará durante a vida de forma mais ou menos exitosa. A negociação é uma atividade que afeta a todos nós, sem cessar, em todos os momentos, ambientes e aspectos que nos cercam.

Negociar é uma arte. Para o administrador ou gestor de qualquer negócio, a negociação internacional ganha sempre maior relevância. Como ter sucesso no mundo atual, onde todos parecem concorrer com todos, disputando tudo e vasculhando em toda parte?

O fato é que em nossa atual realidade os negócios requerem a realização de múltiplas transações, envolvendo trocas com culturas completamente variadas, exigindo rápida e simultaneamente das partes envolvidas habilidades diferenciadas para desempenho de papéis e obrigações distintos, fazendo desse cenário atual um ambiente competitivo e exclusivo.

Desde o início de 2014, somos mais de 7,2 bilhões de pessoas no mundo. Esse número torna-se ainda mais expressivo quando consideramos as variadas culturas envolvidas. Como atuar num cenário tão diverso de forma a buscar o melhor resultado para nossos negócios?

Especialmente nas últimas décadas, o mundo tem vivenciado mudanças significativas. Salientamos duas macrotendências que, indubitavelmente, pintaram um novo cenário no mundo dos negócios. A primeira diz respeito à integração de mercados motivada pelo avanço das tecnologias. A segunda trata do processo de globalização, tão comentado e estudado.

A globalização parece ser uma força implacável, influenciando o comércio global, ainda que este apresente oscilações originadas dos altos e baixos da economia mundial. As fronteiras comerciais passaram a ser mais preponderantes do que as nacionais. Os governos foram bem-sucedidos em alterar leis para a facilitação do comércio mundial. O comércio se expandiu e as trocas de capitais entre países passaram a ser uma constante.

Quais as condições que geram o fenômeno da globalização? Quais as consequências para os negócios e a sociedade de forma geral?

Há muita controvérsia entre os verdadeiros benefícios e malefícios resultantes desse processo. Alguns céticos e críticos indicam que ele interfere e muda completamente estados de soberanias nacionais sem sofrer influência externa e que se perdem gradativamente os valores culturais. Além disso, empregos são ameaçados.

Os otimistas indicam o favorecimento da igualdade entre os povos, com redução da pobreza e de desigualdades sociais. Também consideram que, com a transferência veloz de fluxos de capitais, os investimentos se tornam cada vez mais expressivos e relevantes nos mais variados mercados sempre que oportunidades e condições favoráveis são identificadas.

Na figura 1, você, leitor, poderá obter uma adequada noção dos fatores geradores da globalização de mercados, como o avanço extraordinário das tecnologias de informação. Talvez esse fator seja a mola propulsora do desenvolvimento da globalização e integração de mercados. Outros fatores geradores da globalização e suas consequências também são considerados. E, para completar, podemos verificar as principais influências do fenômeno globalização de mercados nas organizações empresariais e na sociedade como um todo.

As novas tecnologias permitem velocidades jamais imaginadas nas comunicações. Os negócios internacionais foram facilitados e intensificados em escala global graças aos avanços conquistados.

Isso também fez o mundo convergir para um ambiente de grandes manobras e estratégias internacionais, que alguns economistas chamam de hiperconcorrência – termo usado para designar forte competitividade no mercado, caracterizada por sinais de instabilidade ao invés de estabilidade, ocasionada por inovações e mudanças.

Desde a crise de 2008-09, quando houve uma profunda desaceleração global, verifica-se que as nações estão mais preocupadas em direcionar esforços no sentido de encontrar soluções e controles mais adequados na gestão da transferência de capitais entre fronteiras, temendo possíveis perigos justamente pela estupenda velocidade dessas transações.

Figura 1
ASPECTOS QUE INFLUENCIAM AS CAUSAS E AS CONSEQUÊNCIAS DA GLOBALIZAÇÃO

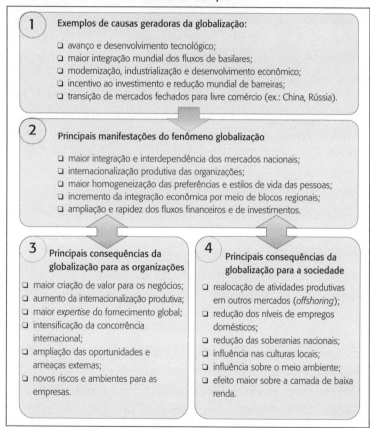

Fonte: Adaptada de Cavusgil, Knight e Riesenberger (2008:27).

As inovações tecnológicas facilitam a interação entre culturas. Para ilustrar, podemos encontrar segmentos menos expressivos do mundo dos negócios operando internacional-mente. Isso permite, por exemplo, que donas de casa de nações tão longínquas quanto Japão ou Austrália tenham condições de aplicar no mercado de ações da bolsa de valores do Brasil. Tudo isso propiciado pelo avanço tecnológico que tem alterado substancialmente nosso modo de vida, com uma troca de informações sem precedentes na história.

Nesse contexto, novos protagonistas, tanto em termos de nações quanto de organizações, vão surgindo para assumir papéis de contribuição até então dominados por economias ricas e suas empresas internacionais.

Essas macrotendências – novas tecnologias e globalização de mercados – são como motores propulsores. Mais do que isso, tais tendências desenvolvem e transformam rapidamente os negócios contemporâneos. Fazem com que as corporações avancem em seus projetos globais, formando uma espécie de cadeia que passa a movimentar as atividades como um todo. Estratégias de marketing, fornecimento e compras em escala mundial e aplicação e recebimento de investimento direto estrangeiro tornam-se variáveis presentes e crescentes nos negócios em geral.

O mundo parece menor?

É uma etapa histórica. Uma verdadeira aldeia global. Aliás, desde a década de 1960, esse termo foi prognosticado e usado por Herbert Marshall McLuhan (1964), que já descrevia e relacionava essa universalidade de consumo e interdependência eletrônica com a imagem de uma aldeia global. O que parecia estranho naquela época é hoje vivenciado naturalmente por todos nós.

Aqueles que tiveram a oportunidade de viajar para Lisboa e visitar a famosa Torre de Belém, de onde as caravelas portuguesas partiam para explorar novos mares e rotas, certamente terão uma adequada noção de como o mundo se movia antigamente e da deslumbrante era tecnológica que vivemos hoje. Quão impressionante era o movimento das pessoas, sem qualquer instrumentação e apoio logístico efetivo, num verdadeiro desbravamento de mercados!

Com o avanço das tecnologias, e até chegarmos ao atual estágio de incrível velocidade, a globalização ganhou corpo e, mais precisamente a partir da década de 1980, tornou-se um verdadeiro fenômeno de mudanças e influências nos negócios internacionais.

A partir de então, o gestor internacional e os negócios foram fortemente afetados pelos fatores e consequências da globalização de mercados.

O quadro 1 oferece uma noção de aspectos relacionados às formas de transportes e velocidades utilizadas pelas pessoas, conforme a evolução dos anos.

Quadro 1
O FIM DAS DISTÂNCIAS

Época	A forma mais eficiente de transporte	Velocidade aprox. (Km/h)
Entre 1500 e 1849	Carroças puxadas por animais e navios movidos a força humana e ventos	16
Entre 1850 e 1900	Barcos a vapor Trens a vapor	58 105
Década de 1900 a 1990	Veículos motorizados Aviões a hélice Aviões a jato	120 480 a 640 805 a 1.130
Atualmente	Internet	Tempo real

Fonte: Adaptado de Dicken (1992:102 apud Cavusgil, Knight e Riesenberger, 2008:26).

Atualmente, com tanta facilidade, agilidade e informação, os produtos passam a ficar muito parecidos, assim como a forma como as pessoas decidem e atuam. No Brasil, a comunicação telefônica era caríssima alguns anos atrás. Quando surgiu o celular então, o custo era proibitivo e restrito a uma pequena faixa da população. Hoje, o número de aparelhos supera o número de habitantes, numa demonstração clara de que os níveis estão se aproximando relativamente em termos de acessibilidade. É o acesso à informação abundante equalizando o nível de exigência e valores dos indivíduos. Até o ambiente de negócios está cada vez mais amparado pelo avanço dos relacionamentos virtuais do que pelo contato pessoal e presencial.

Parece, às vezes, que não podemos comer, dormir, dirigir, nos vestir ou trabalhar sem usar mercadorias ou serviços originários de várias partes do planeta. O que nos leva a pensar nessa questão? Comprar ou usar produtos fabricados em qualquer lugar significa não ter o dinheiro ou os recursos gastos não são aplicados em itens produzidos em nosso próprio país. Estaríamos perdendo recursos ou entregando a outros de fora? Economia global, marketing e negociação internacional permitem entender, atuar e obter uma visão holística dos benefícios, vantagens e desvantagens da globalização econômica e dos aspectos relacionados aos negócios internacionais.

Em termos de negócios, o mundo está vivenciando a acentuação do processo de globalização das organizações produtivas internacionais. As protagonistas são as grandes corporações com atuação em todo o planeta. No entanto, as pequenas e médias empresas passam a conquistar um espaço gradualmente representativo, graças ao constante desenvolvimento da tecnologia e da comunicação.

Nesse cenário, é evidente a necessidade de maior integração e cooperação e colaboração estreita entre os mercados. Não somente tratando-se de um objetivo político, mas como uma forma de inserção no cenário global e de tirar maior proveito de toda a estruturação cada vez mais presente em torno de bases regionais e sub-regionais.

Os conceitos da disciplina de marketing preconizam que uma possível ameaça pode representar uma potencial oportunidade. Por analogia, quando uma nação apresenta um estágio de custos superior em relação a outros países, tudo que projetar em termos de infraestrutura básica, energia, facilidade de comércio e transporte, por exemplo, se converterá em fatores fundamentais de competitividade e de crescimento, condição básica que todo gestor global leva em conta para a tomada de decisão nos negócios internacionalizados.

A seguir, abordaremos outros aspectos da globalização, além daqueles já considerados anteriormente. Trata-se da *globalidade* – uma concepção complementar de entendimento da globalização. Vale ressaltar que o abuso da palavra globalização a converteu numa expressão corriqueira, porém não há razão para abandonar sua essência, senão complementá-la. É disso que trataremos no próximo tópico.

Globalidade de mercados. O que há de novo a considerar?

Ultimamente, o cenário apresenta uma configuração diversa de algum tempo atrás. Esse momento específico, ou as características dessa fase competitiva e desafiadora para as organizações, foi bem diagnosticado no livro, *Globality: competing with everyone from everywhere for everything* (Sirkin, Hemerling e Bhattacharya, 2008), elaborado em conjunto com a consultoria The Boston Consulting Group (BCG). Nele, os autores exploram a emergência de novos *players* advindos de economias em rápido desenvolvimento e crescimento, amplamente conhecidas pela sigla em inglês RDEs (*rapidly developing economies*, ou economias em rápido desenvolvimento). Numa espécie de avanço da globalização, o termo *globalidade* retratado nesse livro indica um ambiente ainda mais competitivo e desafiador em que a competição vem de todos os lados, dos novos emergentes, influenciando todos os mercados. A denominação globalidade, portanto, implica novas regras para atuar no comércio global. A mudança do cenário também foi influenciada pela crise mundial, a pior recessão econômica em meio século, desde a II Guerra Mundial. Foram aceleradas tendências, como o avanço de novos desafiantes globais oriundos justamente desses mercados em rápido desenvolvimento, que sofreram menos do que as economias mais ricas. Tais desafiantes aproveitaram para transformar as dificuldades em oportunidades, ganhando vantagem competitiva, avançando em mercados mais fortes, desenhando e assumindo novos papéis de liderança no comércio mundial.

Enquanto todo esse câmbio estava ocorrendo, igualmente se ampliavam a complexidade e a volatilidade dos mercados pela crise econômica, fazendo surgir novos temores de sentimentos protecionistas por parte dos governos. Aparentemente, as nações têm mantido, na medida do possível, determinado controle sobre tais pressões, e a economia global segue o curso de buscar maior crescimento ainda baseado na integração e globalização dos mercados.

O mercado globalizado e o gestor internacional

Há muitos anos, o teólogo, cientista e matemático Blaise Pascal citou a célebre frase: "O coração tem razões que a própria razão desconhece!" (Seymour-Smith, 2004:328). Muitos podem encontrar dificuldade em aceitar a essência dessa afirmação. A relutância pode ser explicada, possivelmente, pela simplicidade intrínseca ou por ser tão obviamente verdadeira.

Por analogia, na negociação ocorre o mesmo. O primeiro aspecto a ser considerado é a simplicidade implícita na sua razão de existir, ou seja, objetivamente, o trato e a interação entre pessoas. Isso implica que a competência da negociação não se resume unicamente a uma habilidade individual, mas que deve ser desenvolvida no nível das equipes, da organização ou de um país como um todo. Mais importante ainda é considerar que o processo de negociação se baseia numa interdependência, uma vez que o que uma pessoa faz sempre afetará a outra parte.

Portanto, ainda que negociação seja um projeto desenvolvido no âmbito da organização, com escopo, objetivos, orçamentos e prazos específicos a serem alcançados, ela também se resume simplesmente num processo de interdependência entre as pessoas. Aliás, essa é sua essência – mesmo processos mais complexos entre organizações ou nações podem ser simplificados na interação das partes e no trato entre elas.

Torna-se imperativo, portanto, que todo negociador, além de buscar o desenvolvimento das técnicas mais apuradas do processo de negociação, persiga o aprimoramento das relações interpessoais, como interagir, persuadir e se comunicar com outras pessoas.

Muitos de nós nascemos com maior desenvoltura nas trocas e interações com nossos semelhantes, facilitando o processo de negociação. Por isso, alguns negociam melhor do que outros. Entretanto, muitas técnicas e procedimentos de negociação podem ser desenvolvidos por meio de preparações adequadas e treinamentos.

Saber negociar alcança uma dimensão ainda mais relevante no mundo globalizado e interconectado de hoje. Conforme verificaremos mais adiante, as fronteiras geográficas parecem dar lugar a um novo ambiente global e virtual, exigindo de cada um melhor compreensão e adaptação imediata às novas culturas, aos mercados e aos modelos de negócios.

Os países buscam formar blocos econômicos e comerciais que os façam operar com mais competitividade. As empresas se internacionalizam, interessadas em mercados externos e na exposição de sua marca em nível global, tudo graças ao aparecimento de redes integradas e alianças estratégicas proporcionadas pela estupenda base tecnológica verificada atualmente.

Nesse ambiente global e multicultural, as pessoas e os profissionais encaram um cenário cada vez mais rico e desafiador. As negociações criativas tornam-se ainda mais presentes e o fator cultural, um diferencial como nunca. Mergulhado num mar de diferentes culturas, o novo profissional global colecionará resultados baseado no balanço da preparação, no entendimento, na atenção e na adaptação às novas culturas e formas de fazer negócios. Quanto mais entender o processo negocial de seus interlocutores internacionais, suas dinâmicas e seu funcionamento em nível interpessoal, organizacional e internacional, mais eficácia e sucesso terá nos resultados dos negócios. Ou seja, o conhecimento de novas culturas e a adaptação a elas significa sobrevivência no mundo contemporâneo.

Há de ser observado também que, com essa nova dinâmica de crescentes negócios virtualmente rápidos no âmbito global, tanto por pequenas e médias empresas quanto pelos grandes conglomerados, existe a necessidade de manter conformidades às normas da OMC. Portanto, o negociador passa a reavaliar as estratégias e abordagens de negociação que usualmente adota buscando obter um nível que atenda de forma mais eficiente à diversidade de cenários negociais na qual estará inserido. Deverá, em última instância, buscar um equilíbrio e criar pontes entre a similaridade dos parâmetros negociais e as diferenças culturais existentes para viabilizar negociações transparentes, objetivas e efetivas (Salacuse, 2003).

Assim, surge a figura do *negociador global*, profissional com profundo entendimento da dinâmica da globalização e seus impactos na condução de suas negociações. Ao mesmo tempo que precisa da curiosidade para identificar oportunidades, necessita de coragem para caçar o novo em terras estranhas e ainda conservar a simplicidade à sua volta. Um profissional cada vez mais ciente da importância do papel que os fatores culturais desempenham nas negociações internacionais, e que entende que a adaptação às diferenças culturais é o que permeia o processo da negociação. Sua dinâmica em nível interpessoal, intergrupal, intraorganizacional e internacional é essencial para o sucesso nas negociações.

Neste capítulo concentramo-nos em analisar o tema negociação internacional como assunto fundamental e regular nos dias de hoje, e que o ajudará no planejamento e na consecução de suas atividades profissionais, especialmente no âmbito dos negócios globais. Convidamos você, leitor, a prosseguir visitando os próximos capítulos por meio de reflexões, análises, teorias, conceitos e definições ainda relacionados ao tema negociação internacional.

No capítulo seguinte, você poderá identificar as principais competências profissionais e interpessoais de um negociador internacional.

2

Competências de um negociador internacional de sucesso

Atualmente, as empresas estão cada vez mais empenhadas em desenvolver uma cultura corporativa com perspectiva intercultural. Isso demanda que seus gestores se internacionalizem e desenvolvam competências especificamente voltadas para uma atuação profissional em ambientes globalizados. Este capítulo descreve as principais competências profissionais e interpessoais que um negociador internacional deve desenvolver para obter sucesso em suas negociações, visando à sustentabilidade de um acordo na esfera internacional.

Competências interpessoais e profissionais de um negociador internacional

De acordo com Thomas e Inkson (2009), a inteligência cultural é a principal competência a ser desenvolvida pelo profissional que atua direta ou indiretamente em negociações internacionais. A inteligência cultural permite que o negociador internacional desenvolva consciência e sensibilidade acerca da diversidade cultural, entenda as diversas estruturas mentais e os diferentes processos de pensamento dos gestores internacionais e compreenda a conformação interna das influências culturais que intervêm no processo de negociação nos vários mercados externos. A inteligência cultural prepara o profissional para atuar estrategicamente em diferentes cenários e ao longo de todo o processo negocial, de acordo com o conhecimento que possui de fatores multiculturais, políticos, sociais, econômicos e legais. Em suma, de acordo com Thomas e Inkson (2009), o negociador internacional deve desenvolver uma mentalidade internacional.

Ainda conforme esses autores, o negociador deve ter, em seu repertório de competências críticas para a negociação, a capacidade de trabalho em equipe e em redes virtuais, além de saber como gerenciar mudanças de forma a manter sua empresa competitiva em ambientes em constante transformação. Deve ter também um entendimento da dinâmica da globalização, saber gerir conflitos em ambientes multiculturais, adotando estilos de comunicação escrita e oral e de linguagem não verbal ajustados e voltados ao ambiente internacional de negócios.

Assim, o negociador global deve saber analisar os diversos cenários da negociação e o perfil de seus interlocutores internacionais, seus estilos gerenciais, de negociação e o processo decisório, bem como os preceitos éticos e morais predominantes em determinada cultura ou país que possam intervir na condução e manutenção do acordo negocial. Deve fazer um levantamento das informações fundamentais, tais como o significado dos conceitos e variáveis básicos contemplados em um processo de negociação, os interesses em jogo, o uso do tempo, da informação e do poder, e a natureza e importância dos acordos, verbais ou escritos. Deve também conhecer profundamente as diferentes abordagens de negociação mais utilizadas nos países nos quais irá negociar e saber analisar qual a melhor alternativa a ser adotada – se colaborativa, competitiva ou ambas –, além das melhores táticas, estratégias e técnicas de fechamento a serem utilizadas, de acordo com os diversos cenários negociais e os fatores culturais intervenientes, de forma a incorporá-los ao processo de negociação.

Conforme mencionado no capítulo 1, no cenário global, a realidade que as organizações enfrentam mudou substancialmente, e a indústria de hoje fala sobre gerenciamento participativo, com tomada de decisão coletiva e responsabilidade compartilhada em todos os níveis. A negociação é a atividade central nas empresas nos tempos atuais, uma vez que hoje em dia o negociador deve criar oportunidades para a participação de todos no processo decisório e liberar o potencial produtivo inerente às pessoas. Para tal, ele deve ser flexível, aberto a novas ideias, saber fomentar a criatividade e capacidade inovadora entre seus colaboradores diretos e indiretos, ser capaz de aceitar e conciliar diferenças, uma vez que as empresas cada vez mais contam com equipes de trabalho multidisciplinares e interdisciplinares, compostas de membros que pertencem a setores profissionais, culturas, regiões e países diferentes.

Gestão de equipes multiculturais em negociações internacionais

Equipes de negociação são instrumentos poderosos, e um grupo multicultural costuma produzir sérios dilemas de gestão. Problemas podem surgir em negociações em equipe devido aos diferentes estilos de personalidade, abordagens, interesses e necessidades envolvidas. À medida que o mercado se torna mais globalizado, negociadores necessitam desenvolver a habilidade de atuar, cada vez mais, dentro e por meio de equipes multiculturais e multidisciplinares.

Portanto, uma habilidade crítica para uma negociador internacional é a capacidade de compor um time de negociadores. Uma equipe negocial cooperativa é, cada vez mais, a maneira mais eficaz de achar soluções mutuamente satisfatórias, em contraposição aos recursos, muitas vezes limitados, de negociadores que atuam isoladamente. Além disso, uma equipe adequadamente organizada e genuinamente cooperativa acredita que o todo é maior do que a soma das partes. Poupam-se tempo, esforços e recursos financeiros, tecnológicos e humanos quando as pessoas certas são escolhidas para compor a equipe, que, se adequadamente gerenciada, tem como resultado de sua atuação um fechamento mais rápido e satisfatório para todas as partes envolvidas na negociação.

Assim, a competência de gerir conflitos em equipes de negociação multidisciplinares e multiculturais se traduz na habilidade de identificar as eventuais causas culturais subjacentes ao conflito e intervir de forma a criar um espaço negocial que possa acomodar as diferenças culturais. Estudos realizados por Brett, Behfar e Kern (2006) indicaram que caso o negociador não tenha a competência de gerir esses conflitos multiculturais nas equipes negociais, poderá marginalizar participantes de alto valor e influência no processo negocial ou, ainda, gerar resistências e oposições, prejudicando o desenvolvimento e desfecho da negociação. Ainda segundo esses autores, a gestão adequada de conflitos multiculturais nas equipes negociais pode trazer múltiplos benefícios indiretos, tais como o conhecimento de distintos mercados e o atendimento ajustado a diferenças culturais do cliente. Considerando-se todos os elementos descritos acima, é fundamental que o negociador tenha flexibilidade e evite adotar uma estratégia na qual impõe uma abordagem de uma única cultura a situações de resolução de conflitos multiculturais.

Equipes bem-sucedidas se preparam no que diz respeito à realização de pesquisas aprofundadas e à análise dos possíveis cenários e resultados. Para desenvolver equipes de negociação eficazes é essencial aprender a compor e treinar seus membros antes que a negociação se inicie. A seguir, resumimos algumas recomendações para apoiar o negociador na escolha dos membros de sua equipe negocial:

- conheça a si mesmo e seu estilo de comportamento e perfil negocial;
- conheça os membros de sua equipe e selecione-os cuidadosamente de acordo com seus diversos estilos comportamentais, competências, conhecimentos técnicos e talentos, levando em conta o tipo de negociação e o resultado almejado;
- compreenda de que forma os membros de sua equipe encaram e reagem aos desafios; conheça o que os motiva para o sucesso;
- selecione para sua equipe pessoas com competências complementares, de forma a buscar a contribuição máxima de cada um para a negociação;
- identifique e valorize as diferenças nos estilos de personalidade, comportamento e comunicação e seus pontos fortes. Negociações em equipe têm maior probabilidade de sucesso quando a equipe é composta de diferentes estilos pessoais.

Na preparação de sua equipe para uma negociação internacional, o negociador deverá seguir uma série de passos:

- decidir como cada estilo poderá impactar o restante da equipe e as outras partes envolvidas na negociação;
- definir e discutir seus objetivos e expectativas e os de sua empresa no que tange ao papel que cada membro da equipe deverá desempenhar;
- descrever o cenário negocial de forma sistêmica, mostrando de que forma cada membro se encontra envolvido no pro-

cesso de negociação, quais são seus papéis e suas responsabilidades; e

❑ informar de que maneira o desempenho de cada membro será avaliado – quais as compensações para tempo, energia e dedicação despendidos.

A pesquisa realizada por Brett, Behfar e Kern (2006) também indicou que problemas de comunicação, em geral, criam barreiras ao bom trabalho em equipe, podem reduzir a troca de informações e criar conflitos interpessoais. Portanto, o negociador internacional deve saber identificar os modelos e códigos de comunicação predominantemente utilizados na gestão de conflitos – se diretos ou indiretos – e dosar o nível de informalidade e assertividade verbal e não verbal a ser adotado na interação com as outras partes.

Devido à nossa herança cultural e a ambientes autocráticos, a assertividade certamente não é uma característica predominante no negociador brasileiro. Ele tende a ser ou passivo, subserviente, ou arrogante. Muitos negociadores brasileiros confundem assertividade com agressividade, mas, na verdade, esses dois comportamentos são opostos. A assertividade produz respostas rápidas e positivas, ao passo que a agressividade transmite negatividade e obtém respostas negativas.

O negociador internacional deve desenvolver a habilidade de analisar não somente os códigos de comunicação verbal, mas também os da não verbal, isto é, a linguagem corporal. Sabe-se que todo comportamento não verbal está intimamente ligado à cultura da pessoa, o que não é diferente em se tratando de uma negociação. A identidade cultural dos negociadores e o contexto cultural da negociação influenciarão o caráter do comportamento não verbal, definindo se é apropriado ou não, e a forma como esse comportamento será interpretado. Mesmo assim, ainda vemos negociadores que consideram alguns comportamentos não verbais como culturalmente universais.

Recomenda-se que os gestores evitem interpretar em demasia os comportamentos não verbais (por exemplo, acreditar sempre nas pistas não verbais e subestimar o verbal), pois podem se tornar vítimas do etnocentrismo não verbal (como o etnocentrismo cultural). Em resumo, o negociador na esfera internacional deve saber como facilitar o processo de negociação de forma a promover uma comunicação eficaz por meio de uma escuta ativa, da comunicação assertiva, do *feedback* eficaz e da observância das normas culturais que influenciam as linguagens verbal e corporal.

Fatores que contribuem para uma negociação internacional de sucesso

Martinelli, Ventura e Machado (2003) afirmam que um negociador de sucesso em nível internacional deve estar apto e bem-informado a respeito de uma série de pontos fundamentais. Deve ter conhecimento e compreensão:

❑ de fatos importantes relativos à emergência de uma economia cada vez mais globalizada;

❑ da grande amplitude e variedade de acordos e negócios realizados em nível internacional;

❑ do processo de celebração de contratos internacionais de acordo com as leis, convenções, regulamentações, jurisdições e preceitos éticos e morais existentes em diferentes países;

❑ da dinâmica do processo de negociação em diversos países, desde a fase de preparação até a fase de implementação e pós-negociação;

❑ de habilidades internacionais de negociação críticas, considerando-se os ambientes nos quais a negociação se dá;

❏ dos investimentos e negócios que são realizados por empresas em seu setor e setores afins, a saber: novos entrantes, concorrentes e complementadores;

❏ de marketing, finanças e contabilidade internacionais, gerenciamento de culturas (línguas, costumes, religiões etc.); e

❏ de geografia e políticas nacionais e internacionais.

Gestores negociam melhor ou pior conforme tenham se preparado e desenvolvido suas habilidades de negociação. No caso do negociador global, atuante em ambientes culturais singulares, algumas características tornam-se ainda mais relevantes.

Quais as principais questões a serem consideradas pelo negociador global? Basicamente, são as seguintes:

1. *Domínio básico das técnicas do processo de negociação* – O negociador global, mais do que o gestor doméstico, além de conhecer as técnicas básicas de negociação, deve avançar no conceito de interdependência das partes. Isto porque o plural cenário internacional exige maior habilidade de trato com pessoas de outras culturas. O êxito será diretamente proporcional à capacidade demonstrada de adaptabilidade, flexibilidade, percepção de estilos, empatia, domínio de emoções e tolerância às ambiguidades.

2. *Entendimento da dinâmica atual dos negócios globais* – Estar preparado para atuar em várias frentes simultaneamente. Significa reinventar-se sistematicamente para aproveitar todas as vantagens dos avanços tecnológicos atuais, especialmente em favor dos negócios com o exterior, nos mais diferentes fusos horários. Por exemplo: conectividade 24 horas, virtualidade, mobilidade. Pode imaginar como era negociar internacionalmente em passado recente, sem tais ferramentas e dispondo de outras como aparelho de fac-símile e telex? Outro aspecto importante é o conhecimento, o preparo e a flexibilidade para a questão do gerenciamento de conflitos

de gerações. Dentro das organizações, o assunto de gestão de pessoas de diferentes gerações já é considerado importante; imagine quando ultrapassa fronteiras nos modelos de gestão matricial de equipes.

3. *Atitude proativa num cenário competitivo* – A hiperconcorrência é uma realidade inquestionável. O gestor global deve buscar desenvolver competências positivas para lidar com esse cenário global diversificado, potencializando sua capacidade de atuação em novas incursões em mercados heterogêneos e resultando em maior conhecimento de suas limitações. O atual nível de internacionalização produtiva de negócios exige maior preparo e vivência internacional de seus gestores.

4. *Globalidade e globalização de mercados* – Atuação local difere substancialmente da gestão internacional. Além das outras características aqui listadas, o gestor global é um cidadão do mundo. Significa ser mais que poliglota. É preciso acompanhar o funcionamento dos *players* globais. Requer maior atenção; afinal, não estamos falando de uma única moeda, um idioma e leis conhecidas, e sim de ambientes complexos e singulares. A forma como muda a influência de países emergentes ou o retrocesso de economias desenvolvidas é um elemento ao qual o gestor global deve regularmente estar atento para futuras projeções e decisões.

5. *Conhecimento dos ambientes de negociação internacional* – O negociador global cruza com os mais variados ambientes internacionais. Portanto, é premissa do gestor global desenvolver determinada proficiência internacional que permitirá melhor interação e entendimento com os parceiros estrangeiros. Dentro desses ambientes podemos detalhar:

❑ diversidade cultural – a maior efetividade do gestor global está diretamente relacionada com o grau de conhecimento intercultural, línguas (expressões, metáforas), sistemas de valores, comportamentos, orientações de longo e de curto prazo, modos e costumes, percepções, diferenças ideológicas e crenças de seus interlocutores internacionais. O diferencial, nesse caso, é alavancar sobre como funciona a outra parte, focando em suas características e evitando ao máximo pensar com sua própria cultura. Significa, acima de tudo, buscar evoluir na inteligência cultural, ou seja, na habilidade de atuar eficazmente em situação cultural singular;

❑ fatores políticos e relacionamentos entre as nações – o gestor internacional deve desenvolver habilidades para entender os riscos políticos e as burocracias que envolvem os negócios. Pode-se desenvolver o conhecimento nessa área visitando os parceiros no destino objetivado e interagindo com eles, contratando agentes locais sérios, que trarão conhecimentos e ajudarão no processo. Pode-se ainda iniciar pesquisas em organizações confiáveis, como bancos internacionais ou bases de informações de reconhecida credibilidade, por exemplo, *The Economist*, BCG, *The Fact Book* (CIA), tratadas em marketing internacional como pesquisas secundárias;

❑ fatores econômico-comerciais – desenvolver competências para interagir em ambientes contrastantes com sua origem. Opiniões diferem substancialmente sobre questões de investimentos diretos estrangeiros (IED), câmbio de moedas, terceirizações, fornecimento, riscos financeiro-comerciais, e, assim, tomadas de decisões se transformam nas principais questões na economia global. O negociador global competente deve estudar e acompanhar as tendências e ocorrências de temas relacionados com seus parceiros.

6. *Desenvolvimento da curiosidade e manutenção da modéstia* – As viagens internacionais e o contato com o novo serão uma

constante na vida do negociador internacional. O gestor global curioso e que cultiva a coragem e a humildade poderá obter resultados mais satisfatórios.

Thompson (1998) também ressalta alguns componentes fundamentais para um negociador de sucesso na esfera internacional. De acordo com a autora, o negociador global deve ter:

- visão aberta e ampla para se ajustar a novos ambientes;
- empatia;
- sociabilidade;
- aceitação crítica de estereótipos;
- abertura para diferentes pontos de vista;
- interesse na cultura anfitriã;
- orientação por tarefas;
- flexibilidade cultural;
- orientação cultural;
- vontade de se comunicar;
- paciência;
- sensibilidade intercultural;
- tolerância para com as pessoas;
- senso de humor;
- habilidade colaborativa na resolução de problemas;
- habilidade de planejamento;
- habilidade de pensar com clareza sob pressão;
- inteligência prática geral;
- destreza verbal;
- conhecimento técnico, tático, estratégico e multicultural;
- visão sistêmica;
- integridade;
- habilidade de perceber e fazer uso do poder.

Além das características aqui mencionadas, o negociador que atua na esfera internacional deve ter uma elevada autoestima. Tal sentimento é consequência do fato de que são pessoas que conseguem obter realizações satisfatórias e acreditam na própria habilidade de compreender e resolver eventuais questões conflitantes que estão sendo negociadas.

Resumindo, um negociador eficaz deve possuir alta tolerância à ambiguidade e à incerteza, assim como deve ser aberto o suficiente para que teste as próprias pressuposições e percepções e as da outra parte. E isso, certamente, requer coragem. Deve ter um desejo de realização, alto nível de aspiração e capacidade de dar aquele passo arriscado, porém necessário, que o levará em direção ao cumprimento de seus objetivos.

Por meio de uma compreensão sistêmica que contemple a análise do processo de negociação, sua dimensão interpessoal e interorganizacional, e das várias mesas, dimensões e ambientes da negociação dentro de cenários nacionais, internacionais e multiculturais, o negociador que atua em um mercado globalizado deve desenvolver a competência da negociação de forma a alcançar resultados satisfatórios para todas as partes envolvidas, com foco no estabelecimento de relações duradouras e de uma reputação confiável, utilizando-se de abordagens cooperativas de resolução de conflitos. Para tal, deve possuir um repertório de recursos que melhor se integrem aos estilos de negociação predominantemente utilizados em diferentes regiões e países e que ensejem negociações límpidas, objetivas e frutíferas. Em última instância, deverá saber gerenciar a tensão entre movimentos colaborativos e competitivos, buscando, simultaneamente, criar e reivindicar valor ao longo de todo o processo da negociação, com o intuito de transformar situações de conflito em acordos cooperativos.

Abordamos, neste capítulo, as principais competências interpessoais e profissionais que o negociador global deve desenvolver, de forma a alcançar resultados muito mais positivos em suas negociações nos âmbitos nacional e internacional.

No capítulo a seguir serão apresentadas as principais abordagens de negociação a serem incorporadas ao repertório de competências de um negociador internacional.

3

Princípios de negociação aplicados às negociações internacionais

Este capítulo apresenta os princípios gerais de negociação integrativa e distributiva aplicáveis tanto a negociações internacionais quanto a outros tipos de negociação. Enfatiza a importância da adoção de uma postura e uma abordagem mais adequadas para a negociação, considerando-se o conhecimento do negócio e do mercado no qual está inserido.

Situações de negociações internacionais

Os acordos e contratos internacionais não são fruto do acaso, mas de árduas e difíceis negociações que normalmente consomem energia e demandam habilidades específicas. Em alguns casos, o negociador estará enfrentando situações nas quais quase não tem ação, precisando simplesmente se adequar a regras já existentes em mercados muito bem estabelecidos; em outros, no entanto, estará envolvido em interações intensas. Nas situações de interações, algumas vezes o negociador não possuirá margem de manobra alguma, mas em outras terá de negociar vários tópicos envolvendo aspectos diferentes de uma relação de suprimento de longo prazo. Como enfrentar cada uma dessas situações? Apesar de algumas pessoas aparentarem possuir habilidades natas para negociar, é necessário, principalmente em situações mais complexas, possuir um conjunto de ferramentas amparado em uma sólida teoria. Ao longo dos anos foi sedimentado um conjunto de princípios originados de diversas disciplinas, como economia, administração, psicologia, sociologia, antropologia, teoria dos jogos e outras afins, que podem auxiliar os negociadores a obterem melhores resultados.

Princípios gerais de negociação

O número de definições de negociação é praticamente o mesmo que o de autores que escrevem sobre o tema. Cada uma enfatiza alguns aspectos. Muitas dessas definições apresentam aspectos práticos que não podem ser esquecidos durante a condução das negociações. Fischer, Ury e Patton (1991:50) apresentam a seguinte definição: "Negociação é um processo de comunicação bilateral com o objetivo de se chegar a uma decisão conjunta". Apesar de sua simplicidade, essa definição engloba os fundamentos para atingir eficiência e eficácia. Negociação diz respeito à comunicação. Argumentar e ouvir os argumentos da outra parte é fundamental em qualquer negociação. Através da argumentação e da arte de ouvir é que será possível determinar quais as reais aspirações das partes, o que permite construir uma solução mutuamente satisfatória. A segunda parte da definição fala em "decisão conjunta", ou seja, no final, a solução não pertence a nenhuma das partes, mas é uma construção conjunta, da qual ambos se beneficiam.

Atualmente, não só por influência dos trabalhos desenvolvidos na Universidade de Harvard como também devido a evidências práticas, o processo está sendo analisado como a procura de oportunidades por ganhos mútuos. A moderna abordagem de negociação trata, então, da forma como é possível criar soluções integrativas na qual todas as partes tenham suas aspirações atendidas. Essa abordagem será analisada mais adiante neste capítulo.

Muitas situações práticas, no entanto, fogem dessa abordagem. Diversos negociadores insistem na utilização de métodos agressivos como forma de obter vantagem. Acreditam que só ganharão se os outros perderem. Mesmo em negociações internacionais, muitas vezes ocorrem situações em que esse enfoque é utilizado.

Apesar de existir um consenso sobre a superioridade da abordagem integrativa, as negociações continuam apresentando certos aspectos distributivos. Surge, então, o primeiro dilema. Como construir valor através de abordagens integrativas e, ao mesmo tempo, se apropriar do valor criado? Para responder a essa pergunta, vamos primeiro avaliar os princípios básicos da negociação distributiva e, posteriormente, os aspectos fundamentais da negociação integrativa. Essa última forma de negociação será complementada com a análise efetuada no capítulo 5, em que se discute a matriz de negociações complexas. O segundo dilema diz respeito ao que pode ser revelado. Se o negociador revelar demais, isso poderá ser utilizado pela outra parte; se não revelar nada, o processo decisório na negociação poderá sofrer graves prejuízos.

Apesar de as negociações internacionais ocorrerem no âmbito das organizações, quem efetivamente está negociando são pessoas. Como as pessoas têm diferenças de estilos e de posturas, o fato de obter um bom resultado em uma situação não garante que, utilizando os mesmos métodos, o sucesso seja alcançado em outras. Dessa forma, é interessante que, além de um conjunto de ferramentas para tratar os problemas, esteja disponível um método que nos permita entender as posturas dos negociadores. Na próxima seção, serão analisados os princípios geralmente aplicáveis às negociações distributivas.

A negociação distributiva

A negociação distributiva trata da apropriação de valor. Existem alguns componentes principais nesse tipo de negociação. Primeiro, se sua parte não tiver uma alternativa para não negociar, estará à mercê da outra parte. Um ponto fundamental, portanto, é definir o que acontecerá se a negociação não for bem-sucedida.

Os passos que devem ser seguidos para uma negociação distributiva são os seguintes:

- ❏ *definir seus objetivos* – inicialmente o negociador deve definir o que deseja na negociação. Esses objetivos devem ser definidos de forma ampla, com a finalidade de não limitar nem restringir as alternativas possíveis;
- ❏ *procurar alternativas existentes para atingir os objetivos* – nesta etapa, o negociador deverá definir todas as formas que possui para atingir seus objetivos;
- ❏ *definir a melhor alternativa à negociação de um acordo* (Maana) – caso sua empresa não tenha alternativa, será obrigada a aceitar imposições unilaterais;
- ❏ *melhorar sua alternativa em caso de não acordo* (Macna) – quanto melhor for sua alternativa de fechamento fora da mesa de negociação, maior será seu poder na negociação;
- ❏ *determinar as condições ideais que gostaria de alcançar* – as condições ideais representam o que sua empresa gostaria de atingir. Essas condições podem ser expressas em forma de preço, prazo de pagamento, prazo de entrega, condições de fornecimento, exclusividade ou outras. As condições ideais, junto com o preço de reserva, definirão sua margem de manobra na negociação; e
- ❏ *determinar seu preço de reserva* – o preço de reserva é o ponto no qual você se retirará da negociação, caso não seja alcançado. No caso de um importador, é o preço máximo que está disposto a pagar pelo produto. Considerando apenas o preço,

podemos representar graficamente a negociação da seguinte forma (figura 2).

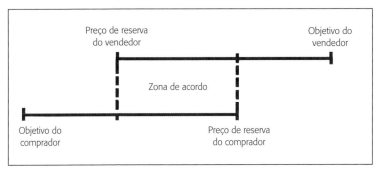

Figura 2
NEGOCIAÇÃO DISTRIBUTIVA – ZONA DE ACORDO

Fonte: Thompson (1998).

Na situação representada pela figura 2, o preço de reserva do comprador é maior do que o preço de reserva do vendedor. Existe uma zona de acordo representada pela diferença entre os preços de reserva. Em algumas situações de negociação, não existe zona de acordo possível. Se não forem encontradas outras condições, o acordo não acontecerá. As propostas levadas pelos negociadores à mesa devem estar dentro da zona de acordo para que sejam consideradas minimamente aceitáveis. Caso as propostas estejam fora dessa zona, poderão ser consideradas como carecendo de legitimidade pelos negociadores e intensificar os potenciais conflitos no processo.

A próxima seção se concentrará nas negociações integrativas.

A negociação integrativa

A utilização da abordagem distributiva pode gerar impasse. Como alternativa surge a abordagem dos ganhos mútuos, também conhecida como abordagem integrativa, na qual as partes procuram construir uma relação em que todas as partes ganhem. Esse enfoque enfatiza a criação de valor. Os elementos fundamentais centram-se nas pessoas, nos interesses, nas opções e nos critérios.

Em primeiro lugar surgem as pessoas. Muitas negociações são malsucedidas devido a mal-entendidos pessoais.

Os princípios fundamentais das negociações integrativas são:

❑ *separar as pessoas dos problemas* – este princípio, apesar de aparentemente simples, é dos mais difíceis de ser utilizado. Muitas situações de negociação podem se transformar em verdadeiros embates pessoais em que a essência é esquecida e o foco principal da negociação passa a ser encontrar um meio de derrotar a outra parte;

❑ *concentrar-se nos interesses e não nas posições* – as posições são o resultado de afirmações feitas durante a negociação; os interesses representam o que o negociador realmente deseja. Portanto, torna-se fundamental que os negociadores focalizem a discussão da negociação na multiplicidade de interesses em jogo;

❑ *desenvolver opções de ganhos mútuos* – a partir do entendimento dos interesses das partes, é possível partir para a geração de ganhos mútuos, processo ligado à criatividade. Essencialmente, uma negociação integrativa trata de criar e reivindicar valor ao longo de seu processo. Em muitas situações os negociadores encontrarão convergências de interesses, em que é fácil encontrar oportunidades de ganhos mútuos. Em outras, são detectadas divergências, muitas das quais se localizam em diferenças de previsão.

Há ocasiões em que a criação de valor pode acontecer devido a diferenças de recursos – um fator abundante para uma empresa pode ser escasso para outra. Está aberto o caminho para a criação de valor.

Diferenças na aceitação de riscos e na percepção de tempo podem gerar soluções integrativas. Então, é recomendável utilizar critérios objetivos. Quanto vale determinado serviço ou produto? A determinação desse valor não é óbvia, há uma lógica econômica e negocial por trás dela. A base para a criação dos critérios pode advir de diversas fontes. As principais formas, de acordo com relação elaborada por Fischer, Ury e Patton (1991), são: valor de mercado, precedentes, padrões profissionais, eficiência, custos, padrões morais, tradição, reciprocidade e custo x benefício. Uma prática adequada é iniciar a discussão definindo quais os princípios e critérios objetivos que serão aplicáveis para aquele caso.

No capítulo 5, que trata da matriz de negociações complexas, serão aprofundados os passos que deverão ocorrer durante uma negociação integrativa.

As posturas dos negociadores

Apesar de as negociações internacionais ocorrerem entre empresas, não se pode esquecer que existem pessoas envolvidas. Essas pessoas possuem características peculiares, que são parte importante do processo negocial e influenciam a postura e a abordagem que serão utilizadas na negociação. Além das características específicas que diferenciam as pessoas entre si, alguns fatores são originados das diversas culturas dos negociadores internacionais. Nesta seção, será abordada a diferenciação das posturas dos negociadores. No capítulo 4, serão analisados alguns aspectos originados das características culturais dos negociadores.

Um modelo bastante difundido foi desenvolvido originalmente por Blake e Mouton (2000) e Thomas e Kilmann (2002). Nele são avaliadas duas preocupações dos negociadores: o resultado da negociação e o relacionamento. Baseado nessas posturas, foi desenvolvido o modelo da figura 3.

Figura 3
POSTURAS DOS NEGOCIADORES

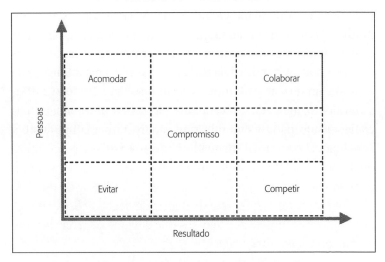

Fonte: Baseada em Blake e Mouton (2000); Thomas e Kilmann (1974).

As características de cada uma dessas posturas são as seguintes:

- *evitar* – implica não só evitar algum assunto como também evitar o outro negociador e a própria negociação. Negociadores com essa postura em geral evitam lidar com negociadores difíceis, controvérsias, situações que podem criar tensão, discussões abertas sobre assuntos e preocupações. Retiram-se de negociações mesmo quando têm possibilidade de vencer e adiam negociações difíceis;

- *acomodar* – os negociadores que acomodam preferem preservar a relação, mesmo que isso implique prejuízo. Tais negociadores geralmente concentram-se mais nos interesses da outra parte do que no seu; aceitam com facilidade as sugestões da outra parte, mesmo que isso implique abrir mão de coisas importantes, e focam nos assuntos em que as partes concordam e não naqueles em que há discordância;

❑ *competir* – os negociadores concentram-se em atender a seus interesses e nos resultados substantivos, mesmo que os relacionamentos sejam prejudicados. Negociadores com esse estilo persistem até conseguirem o que desejam, competem para garantir que suas necessidades sejam atendidas, tentam derrotar a outra parte falando mais e sendo mais inteligentes, usam seu poder para influenciar o resultado da negociação, tentam convencer a outra parte, escondem informações que podem proporcionar vantagens ao outro e exploram as fraquezas daquele com quem estão negociando;

❑ *compromisso* – os negociadores que preferem o estilo compromisso procuram meias-vitórias, nas quais conseguem algumas coisas, mas abrem mão de outras. Negociadores com essa preferência dividem as diferenças, recuam em suas demandas quando o cenário fica complicado, desistem de suas demandas para obterem algo em troca e assumem uma posição intermediária entre ganhar e perder;

❑ *colaborar* – os negociadores com o estilo colaborar procuram analisar os interesses pessoais e mútuos como forma de satisfazer as necessidades de todos. É por meio da colaboração que se obtêm soluções do tipo ganha-ganha. Essa postura implica colocar de forma aberta os interesses e as preocupações, trabalhar os pontos que são importantes para todas as partes, procurar soluções criativas que façam com que os dois lados ganhem, ouvir as outras pessoas antes de colocar seus pontos de vista, procurar criar um ambiente de confiança, procurar satisfazer as necessidades de todas as partes e trocar informações de forma aberta.

Nenhuma das posturas aqui descritas é boa ou ruim. Em algumas situações o negociador deve assumir certa postura; já em outras, o recomendável é utilizar uma diferente. O uso em excesso de qualquer uma pode ser prejudicial. Sua ausência total também é danosa. O quadro 2 apresenta situações nas quais é recomendada determinada postura.

Quadro 2
QUANDO CADA POSTURA É RECOMENDADA

Evitar	1. Quando o assunto é trivial ou de importância muito baixa, ou quando você está pressionado por assuntos mais importantes. 2. Quando você percebe que não existe possibilidade de satisfazer seus interesses, por exemplo, quando tem muito pouco poder ou é frustrado por algo muito difícil mudar (políticas públicas, estrutura de sua personalidade ou da dos outros). 3. Quando o potencial de perdas, caso utilize uma técnica mais dura, supera os benefícios que você terá caso obtenha êxito. 4. Quando é preciso fazer os negociadores se acalmarem, reduzindo a tensão até um nível produtivo, e assim conseguir ganhar novamente uma perspectiva positiva de negociação. 5. Quando a obtenção de mais informações supera os benefícios da tomada de decisão imediata. 6. Quando os outros podem resolver os problemas de forma mais efetiva. 7. Quando o assunto que está sendo negociado parece ser menos importante do que outros assuntos mais básicos.
Acomodar	1. Quando você percebe que está errado. 2. Para deixar que uma posição melhor seja ouvida. 3. Para aprender com os outros e mostrar que você é uma pessoa razoável. 4. Quando o assunto é de muito maior importância para a outra parte do que para você, para satisfazer as necessidades dos outros e como um gesto de boa vontade para ajudar a manter relações colaborativas. 5. Para criar créditos sociais que possam ser utilizados em assuntos mais importantes que serão discutidos posteriormente. 6. Quando a competição continuada só piora o assunto para seu lado (ex.: quando você está sendo superado e perdendo). 7. Quando preservar a harmonia e evitar polarizações é especialmente importante. 8. Para auxiliar no desenvolvimento de funcionários, permitindo que aprendam com as próprias falhas.

Continua

Competir	1. Quando ações decisivas e rápidas são necessárias (ex.: emergências).
	2. Em assuntos nos quais medidas impopulares devem ser tomadas (ex.: corte de custos, forçar medidas adversas, disciplina).
	3. Em assuntos que são vitais para seu sucesso ou em que tem certeza de que está correto.
	4. Para se proteger contra pessoas que estão tentando tirar vantagem de qualquer ação não competitiva.
	5. Quando há baixo nível de interdependência entre as partes, assim como baixo risco nos desdobramentos do acordo negocial.
	6. Quando há pouco interesse na continuidade do relacionamento comercial (ex.: em negócios transacionais, compras pontuais).
Compromisso	1. Quando os objetivos são moderadamente importantes e não vale a pena correr os riscos dos desgastes originados de formas mais duras de negociar.
	2. Quando dois oponentes, com poderes semelhantes, estão fortemente empenhados em defender suas posições, como nas relações entre sindicatos fortes e empresas fortes.
	3. Para a obtenção de acordos temporários em assuntos complexos.
	4. Para se chegar a soluções razoáveis quando existe pressão de tempo.
	5. Como uma alternativa, quando colaborar ou competir não geraram sucesso.
Colaborar	1. Para encontrar soluções integrativas quando as preocupações tanto com os outros quanto com o assunto são de grande importância e não pode ser adotada uma política de, simplesmente, dividir ao meio.
	2. Quando seu objetivo é aprender (ex.: testar suas suposições sobre o negócio, entender o ponto de vista dos outros).
	3. Para obter diversos pontos de vista sobre o problema.
	4. Para obter comprometimento dos outros, incorporando suas preocupações às soluções, procurando encontrar um consenso.
	5. Para diminuir emoções fortes que possam estar interferindo na solução dos problemas.
	6. Quando há interesse na continuidade do relacionamento comercial e na sustentabilidade do acordo negocial em prazos mais longos.
	7. Em negociações complexas, nas quais o nível de interdependência e os riscos são altos.

O uso exagerado de uma só postura pode gerar problemas nas negociações. O quadro 3 mostra essas situações. Negociadores que sempre evitam podem deixar de resolver problemas importantes. Os que preferem acomodar podem criar para si mesmos uma imagem de "pessoa que cede com facilidade". Os que sempre competem terminam gerando antagonismo. A postura do compromisso faz com que sejam perdidas oportunidades integrativas. O colaborar em demasia pode fazer com que muitos temas pouco importantes tomem muito tempo.

Quadro 3
SITUAÇÕES EM QUE O USO EXAGERADO DE CADA POSTURA PODE GERAR PROBLEMAS

Evitar	1. Você adia muitas negociações, o que faz com que muitos problemas não sejam resolvidos.
	2. As pessoas que lidam com você se sentem perdidas e sem informação. Muitas vezes você consome excessiva energia para evitar que determinados assuntos sejam abordados. Isso pode gerar problemas para os temas que deveriam ser rapidamente tratados e resolvidos.
	3. Diversas decisões importantes terminam sendo tomadas pelos outros ou por inércia.
Acomodar	1. Se você criar uma reputação de sempre acomodar, muitas vezes constatará que suas ideias e preocupações não estão recebendo a atenção que você acha que merecem. Acomodar-se demais aos objetivos dos outros pode diminuir sua influência, o respeito que os outros têm por você e o reconhecimento de suas realizações. Também priva os outros das contribuições positivas que você poderia dar.
	2. Talvez falte um pouco de energia ou disciplina de sua parte. Apesar de a disciplina simplesmente pela disciplina não ter muito sentido, existem regras, procedimentos e responsabilidades que são cruciais para o funcionamento da sociedade e das empresas.

Continua

Competir	1. Provavelmente você está cercado por pessoas que concordam com todas as suas posições. Se isso acontecer, quase sempre será porque as pessoas aprenderam que não é prudente discordar de você.
	2. As pessoas com as quais você lida têm dificuldade em admitir o desconhecimento ou ignorância sobre algum assunto? Como você cria um clima competitivo, as pessoas têm de lutar por influência, o que significa que devem atuar aparentando mais confiança e certeza do que realmente têm. O problema dessa abordagem é que as pessoas estão menos propensas a aprender.
Compromisso	1. Como você se concentra em encontrar uma solução mediana, muitas vezes perde de vista assuntos mais importantes, como princípios, valores, objetivos de longo prazo e seu sucesso pessoal e o de sua empresa.
	2. Sua ênfase em obter soluções de meio-termo pode criar um clima de jogo nas negociações, e esse clima pode minar a confiança das pessoas e desviar a atenção dos méritos dos assuntos em discussão.
Colaborar	1. Muitas vezes, você gasta tempo demais discutindo em profundidade assuntos que poderiam ser tratados de forma mais simples. Colaborar requer tempo e energia – talvez o recurso organizacional mais escasso que existe. Problemas triviais não requerem soluções sofisticadas, nem todas as diferenças pessoais devem ser eliminadas e trabalhadas. O uso excessivo de colaboração e a decisão consensual, algumas vezes, representam o desejo de minimizar riscos através da difusão da responsabilidade ou do adiamento das ações.
	2. Às vezes, o estilo colaborativo não gera colaboração nos demais. O estilo excessivamente colaborativo pode gerar, nas outras pessoas, a percepção de que somos fracos, fazendo com que procurem tirar vantagem. Você pode estar deixando de perceber alguns indicativos de que os outros estão agindo de forma dissimulada, competitivamente ou com interesses conflitantes com os seus.

Da mesma forma que a utilização exagerada de uma postura pode ser geradora de problemas, sua ausência pode prejudicar as negociações. O quadro 4 apresenta tais situações.

Quadro 4
SITUAÇÕES EM QUE O POUCO USO DE DETERMINADA POSTURA PODE PREJUDICAR

Evitar	1. Como você raramente evita, não percebe que está ferindo os sentimentos dos outros e gerando hostilidades. Você talvez precise ir com mais calma nos assuntos delicados, ou com mais tato, mostrando os fatos de uma forma menos ameaçadora. Tato é a arte de mostrar, de forma positiva, aspectos que podem gerar frustrações. 2. Como você não evita nada, às vezes deve se sentir assoberbado pela quantidade de problemas que tem de resolver. Talvez você deva dedicar mais tempo à definição de prioridades, decidindo quais assuntos são menos importantes e poderiam ser delegados a outros.
Acomodar	1. É provável que você, em algumas situações, tenha problemas de relacionamento com os outros. Acomodar em assuntos de menor importância, mas que são importantes para os outros, é um gesto que cria bons relacionamentos. 2. As outras pessoas podem considerá-lo como alguém que não é razoável e com quem é difícil negociar. 3. Provavelmente você tem problemas de admitir quando está errado. 4. Você não reconhece quando deve aplicar exceções legítimas em situações nas quais existem regras. 5. Você não consegue perceber quando deve desistir de algo.
Competir	1. Em diversas situações, você deve se sentir como se não tivesse nenhum poder e as coisas independessem de sua aposição. Isso deve ocorrer porque você não conhece realmente seu poder, ou não tem habilidade para utilizá-lo, ou se sente desconfortável em fazê-lo, o que pode estar restringindo sua eficiência e diminuindo a influência que você poderia exercer. 2. Você deve ter dificuldades para tomar uma atitude firme, mesmo em situações nas quais essas tomadas de posição são necessárias. Muitas vezes as preocupações com os sentimentos dos outros ou a ansiedade a respeito do uso do poder podem fazer com que vacile, o que pode significar adiar decisões para não causar ressentimentos nos outros, com consequências, muitas vezes, significativas.
Compromisso	1. Você provavelmente não gosta das situações de negociação e se sente, muitas vezes, pouco eficiente nessas ocasiões. 2. Você considera difícil fazer concessões. Sem tal capacidade, você provavelmente terá problemas, ou cedendo gratuitamente em alguns pontos, ou gerando situações mutuamente destrutivas em outros e, com isso, gerando conflitos maiores.

Continua

Colaborar	1. As diferenças podem ser oportunidades para ganhos mútuos, ou para aprender mais sobre a situação, ou para resolver problemas. Como você utiliza muito pouco o estilo colaborativo, perde oportunidades importantes. Apesar de existirem aspectos ameaçadores e não produtivos nos conflitos, a visão pessimista dessa característica dos relacionamentos humanos pode fazer com que sejam perdidas oportunidades de ganhos conjuntos, além de nos privar da satisfação do trabalho colaborativo. 2. Nas situações que você negocia, em muitas não consegue fazer com que as pessoas se sintam comprometidas? Talvez suas preocupações não estejam sendo incorporadas às negociações.

No que tange às posturas dos negociadores brasileiros, Salacause (2003) realizou uma pesquisa com mais de 300 profissionais de 12 países diferentes. Os resultados desse estudo indicaram que o Brasil é um dos países nos quais os negociadores adotam as posturas mais competitivas, orientadas para seus próprios interesses e ganhos, seguido somente pela Espanha. No extremo oposto, entre os países que adotam abordagens mais colaborativas, encontra-se o Japão, identificado como o país cujos negociadores são mais focados em ganhos e benefícios mútuos.

Neste capítulo, verificamos a existência de duas abordagens de negociação – a distributiva e a integrativa – e de diferentes posturas de negociação que o negociador poderá adotar. É importante visualizar as posturas que podem ser adotadas em cada abordagem de negociação pela ótica de ferramentas negociais de que o negociador dispõe em seu repertório, utilizando-se daquelas que são mais adequadas ao cenário da negociação.

No próximo capítulo, serão analisados os principais aspectos multiculturais que influenciam as decisões dos negociadores e as posturas e abordagens que adotam ao negociar no âmbito internacional.

4

Aspectos multiculturais em negociações internacionais

As negociações interculturais apresentam desafios mais significativos do que as realizadas dentro do mesmo país, pois os valores e relacionamentos são impactados pela cultura de cada negociador. Além das posturas pessoais dos negociadores, conforme antecipado no capítulo 3, surgem também peculiaridades originadas das diferenças culturais. Neste capítulo serão abordados os principais aspectos multiculturais que influenciam a dinâmica de uma negociação internacional, com especial ênfase nos 10 países com os quais o Brasil mantém a maior corrente de comércio.

Como construir relacionamentos além-fronteiras

Berry (1980) apresenta quatro maneiras por meio das quais as pessoas constroem os relacionamentos além-fronteiras:

❑ *integração* – cada pessoa/grupo mantém contato com sua cultura e também com a cultura do outro. Mostra desejo e interesse em construir um relacionamento. Essa é a maneira mais favorável de construir um relacionamento de negócios;

- *assimilação* – a pessoa/grupo mantém sua cultura como referência comparativa, mas assume a cultura do outro – tenta-se seguir a moral e os valores da cultura da outra parte;
- *separação* – a pessoa/grupo mantém sua própria cultura e não tem contato com a cultura do outro – evita-se construir um relacionamento, e o negociador se limita à sua missão, à tarefa, enfim, ao contrato apenas;
- *marginalização* – a pessoa/grupo não impõe a própria cultura nem procura entender a do outro. É um ambiente bastante desfavorável à negociação – comunicação e entendimento são desconsiderados.

Figura 4
FORMAS DE RELACIONAMENTO ALÉM-FRONTEIRAS

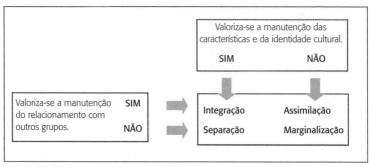

Fonte: Baseada em Berry (1980).

Pode-se verificar, pela figura 4, que um indivíduo terá maior capacidade de interagir e integrar-se a outros grupos se respeitar a manutenção das características e da identidade cultural das partes e valorizar a manutenção do relacionamento com grupos de outras culturas. De modo geral, é mais fácil se adaptar a novas culturas e, principalmente, aceitar culturas diferentes do que modificar a própria cultura ou a do outro negociador. O indivíduo que não preza manter relacionamentos com outros grupos e não valoriza a manutenção e o respeito à identidade cultural alheia terá forte tendência a marginalizar negociadores de outras culturas.

O que afeta as negociações multiculturais

Os trabalhos de Hofstede, Hofstede e Minkov (2010) e Salacuse (2003) procuram explicar as tendências culturais a que estão submetidos os negociadores de cada país. Todos os indivíduos têm algumas características originadas da própria natureza humana. Estas são inatas. Além disso, vivem em culturas que condicionam seus comportamentos dentro de certos padrões, que não são facilmente entendidos e, muitas vezes, nem mesmo percebidos por membros de outras culturas. Muitos negócios não são fechados porque uma das partes não entende alguns princípios que são naturais para a outra parte.

No que tange à cultura, verificamos haver várias definições para o termo. Alguns definem cultura como ideias, sentimentos e pensamentos, modos de vivência, convenções, valores e comportamento dentro de uma comunidade. Por fim, a cultura pode ser vista também como uma cola que liga as pessoas do grupo, como uma identidade distinta.

Hofstede, Hofstede e Minkov (2010), Trompenaars e Hampden-Turner (2011) realizaram alguns estudos interessantes. Os primeiros, por meio de pesquisa realizada em 83 países, encontraram cinco fatores que diferenciam as culturas. Esses fatores, em parte, generalizam os apontados por Salacuse (2003).

Mais recentemente foi desenvolvido o projeto Global Leadership and Organizational Behavior Effectiveness (GLOBE), envolvendo pesquisadores de diversas universidades do mundo. Esse estudo procurou ampliar as dimensões de Hofstede e considerou que os estilos de liderança encontrados no mundo podem ser classificados em nove dimensões: assertividade, orientação para o futuro, igualdade entre os sexos, orientação para o humanismo, coletivismo interno, coletivismo institucional, orientação para o desempenho, distância do poder e tolerância às incertezas. O leitor poderá encontrar um resumo das conclusões do projeto em Hoppe (2007).

Pela disponibilidade de dados facilmente acessíveis e pela amplitude dos países analisados, nos concentraremos no modelo de Hofstede. Nele, as diferenças culturais se encontram na forma como as culturas tratam os seguintes aspectos: distância do poder, individualismo ou coletivismo, masculinidade ou feminilidade e reação às ambiguidades e incertezas. Posteriormente, analisando a China, Hofstede, Hofstede e Minkov (2010) encontraram outra dimensão menos pesquisada, que é a orientação para o futuro. A seguir, abordaremos cada uma dessas dimensões para entender sua influência na dinâmica de uma negociação internacional.

A distância do poder ou hierárquica

Para Hofstede, Hofstede e Minkov (2010), a distância do poder é uma medida diretamente relacionada com a forma encontrada por diferentes sociedades para lidar com a questão de gerir as desigualdades entre os indivíduos. Também chamada de distância hierárquica, segundo o autor, essa dimensão nos informa sobre como se dão as relações de dependência em determinado país. Em países nos quais esse indicador é baixo, a dependência dos funcionários em relação às chefias é limitada. Isso influencia a forma como as pessoas esperam que ocorra o processo decisório. Em geral, nas culturas que aceitam distância do poder, tentativas de implantar processos participativos são vistas como manipulações. Nas culturas que aceitam grande distância do poder, a decisão ocorre nos escalões superiores. Em contrapartida, nas demais o poder é compartilhado, não existindo tanta dependência do topo da empresa.

Isso tem implicações importantes para as negociações, principalmente quando se encontram negociadores de culturas diferentes. Acordos que um holandês, proveniente de uma cultura onde existe baixa distância do poder, consideraria fechados podem não acontecer se o outro negociador for um chinês, para quem a distância do poder é considerável e cuja decisão final será definida por gestores do alto escalão na organização.

O gráfico da figura 5 apresenta o resultado de uma pesquisa sobre os 10 países com os quais o Brasil manteve a maior corrente de comércio em 2011, segundo dados do Ministério do Desenvolvimento, Indústria e Comércio Exterior.

Figura 5
ÍNDICE DE DISTÂNCIA DO PODER NOS PAÍSES COM A MAIOR CORRENTE COMERCIAL COM O BRASIL

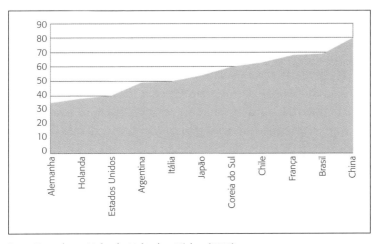

Fonte: Baseada em Hofstede, Hofstede e Minkov (2010).

Os países com índices menores são os que menos aceitam a distância do poder. O Brasil, de acordo com a pesquisa, é um dos que mais aceita distância do poder, e apresenta fortes indícios de hierarquização das relações comerciais, por exemplo, entre compradores e fornecedores, clientes e prestadores de serviços. Desse modo, é importante, portanto, analisarmos as diversas manifestações da distância do poder (ou hierárquica) em diferentes países. No Brasil, é comum que essa dimensão se apresente na forma da "hierarquia do cargo" que o indivíduo detém dentro da organização. Já no Japão, a hierarquia trata da "senioridade". Conforme colocado, essa dimensão terá grande influência no processo decisório e em como o poder será tratado à mesa de negociação.

O individualismo e o coletivismo

A segunda dimensão analisada por Hofstede, Hofstede e Minkov (2010) é a diferença entre individualismo e coletivismo. Nas culturas individualistas, como nos Estados Unidos, as ligações entre as pessoas são mais tênues. Cada um é responsável por si mesmo e por sua família imediata. Já nas culturas coletivistas, como China e Japão, as pessoas estão integradas desde o nascimento em grupos aos quais devem lealdade. No que tange à importância do relacionamento, em culturas coletivistas o relacionamento pessoal prevalece sobre a tarefa, enquanto que em culturas individualistas ocorre o oposto. Esses elementos terão forte influência sobre a dinâmica da negociação à mesa e nos bastidores. As consequências são, nas culturas individualistas, os negócios são fechados de forma impessoal entre organizações, as equipes de negociação são pequenas – de uma a três pessoas – e os negociadores podem tomar decisões dentro de margens previamente acordadas com suas chefias imediatas. Já nas coletivistas, os negócios são fechados entre pessoas, as equipes negociais são grandes, podendo chegar a 10 ou 12 pessoas, e a decisão precisa se dar por consenso e nos bastidores da negociação. Normalmente, nas culturas individualistas, parte-se do princípio de que as pessoas negociam de boa-fé. Já nas coletivistas, a boa-fé tem de ser demonstrada. Acredita-se nos membros do grupo, mas há resistência aos que são de fora. Além disso, em países com um alto índice de individualismo, indivíduos tendem a agir de acordo com os próprios interesses, e o sucesso de resultados individuais prevalece sobre os interesses do grupo. Quando esse índice é baixo, os indivíduos preferem trabalhar como integrantes de um grupo, e o desempenho das atividades ocorre principalmente por meio do trabalho em equipe em lugar do trabalho individual. Portanto, em culturas com forte valor coletivista os negociadores devem prestar contas não somente às hierarquias superiores, como acionistas (*shareholders*), mas também aos grupos de interesse (*stakeholders*) das comunidades nas quais a negociação está inserida e que podem ser afetadas pelo acordo negocial.

O gráfico da figura 6 apresenta o índice de coletivismo e individualismo dos países com os quais o Brasil mantém a maior corrente de comércio.

Figura 6
ÍNDICE DE COLETIVISMO E INDIVIDUALISMO

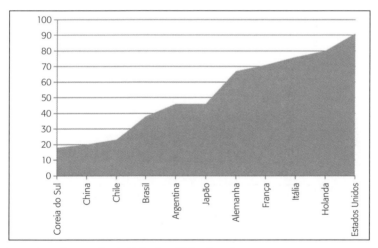

Fonte: Baseada em Hofstede, Hofstede e Minkov (2010).

Na figura 6, quanto maior o índice, maior o individualismo do país. Note-se a grande diferença entre o Brasil e os Estados Unidos, nosso segundo maior parceiro comercial em 2013. Da mesma forma, existe diferença entre o Brasil e a China, nosso maior parceiro comercial.

Países que aceitam a distância do poder ou hierárquica acham natural que o fenômeno exista. Da mesma forma, culturas coletivistas acham o individualismo perverso e vice-versa. A análise se torna mais interessante quando as duas variáveis são correlacionadas. A figura 7 apresenta essa análise. Note-se que, agora, os países aparecem divididos em quadrantes. Quase todos os países que aceitam distância do poder são coletivistas. A anomalia é a França. A combinação de individualismo com distância do poder é reconciliada por um sistema burocrático em que regras impessoais e centralização tornam o absolutismo possível sem que exista uma dependência dos relacionamentos.

Figura 7
CORRELAÇÃO ENTRE DISTÂNCIA DO PODER
E INDIVIDUALISMO-COLETIVISMO

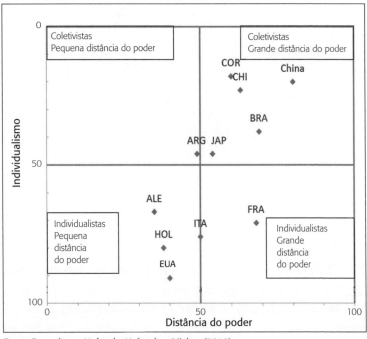

Fonte: Baseada em Hofstede, Hofstede e Minkov (2010).

As implicações dessas relações para as negociações internacionais são importantes. Nos países coletivistas, que aceitam distância do poder, as decisões só são implantadas quando emanam do topo da organização, mas as relações de negociação são importantes. A visão é que as negociações são realizadas entre pessoas e não entre organizações. Já nos países individualistas e com pequena distância do poder, as relações acontecem entre organizações, e os escalões menores têm poder decisório. O que chama a atenção é que o Brasil se encontra bastante distante dos seus parceiros ocidentais, o que pode gerar problemas para um negociador pouco preparado.

O quadro 5 apresenta algumas recomendações para negociar em culturas individualistas e coletivistas.

Quadro 5
RECOMENDAÇÕES PARA NEGOCIAR COM INDIVIDUALISTAS E COLETIVISTAS

Fazendo negócios com culturas...	
Individualistas	Coletivistas
Prepare-se para decisões rápidas e ofertas súbitas não previstas inicialmente.	Paciência porque as decisões serão por consenso.
Os negociadores podem assumir compromissos em nome dos seus chefes e, por isso, relutam muito em desistir e voltar a negociar em outro dia.	Se o negociador concordar com algo não previsto originalmente, esta concordância não será definitiva, pois a decisão final depende de aprovação superior.
A negociação mais pesada já deve ter ocorrido dentro da organização de seu interlocutor enquanto se preparava para a reunião. O mais pesado foi trazê-la à mesa.	A negociação mais pesada será com as pessoas com quem se está dialogando no momento.
Participar sozinho de negociações significa poder – a pessoa é respeitada pela empresa em que trabalha.	Participar de negociações utilizando diversos auxiliares significa que a pessoa tem alto *status* dentro de sua empresa.
O objetivo é realizar um negócio.	O objetivo é criar relações duradouras.

Fonte: Trompenaars e Hampden-Turner (2011).

Masculinidade e feminilidade

Outra diferença entre as culturas é representada por masculinidade e feminilidade — que, nesse contexto, não têm conotação de gênero. Comportamento masculino diz respeito ao racional e feminino ao emocional. Nas sociedades masculinas as pessoas estão mais orientadas para ganhos, reconhecimento, progresso e desafios. Já nas femininas, a orientação é para relacionamentos, cooperação e segurança. Nos países masculinos, espera-se que as pessoas deem o máximo de si. Já nos femininos, basta ser normal.

Na Holanda, o mais feminino dos parceiros comerciais do Brasil, um ditado corrente é: *doe maar gewoon*, que, em tradução livre, seria "apenas aja normalmente". Não se espera que a pessoa exceda. A média é boa. No outro extremo está o Japão, no qual é preciso ser o melhor. Nos países masculinos, espera-se que as pessoas sejam melhores do que as outras. Isso não significa que negociar com culturas femininas seja mais fácil, nem que as culturas masculinas competirão ferozmente.

Temas como preservação da natureza têm prioridade diferente nas duas culturas. Enquanto os países masculinos são mais orientados para o desenvolvimento econômico, os femininos priorizam a preservação ambiental. Os países femininos têm tendência a resolver os conflitos por meio de negociação e solução de compromisso; já nos masculinos, os conflitos são resolvidos pela força. Quando se avaliou o caso da negociação entre a IBM e a Fujitsu, a forte expressão utilizada pela Fujitsu — "eu lutarei contra você, meu filho contra seu filho e meu neto contra seu neto"— expressa a forte preponderância masculina da cultura japonesa (Mnookin, 2011).

No gráfico da figura 8, podemos ver que, entre os principais parceiros comerciais do Brasil, seis possuem cultura masculina e apenas quatro são femininos. Do total da corrente comercial brasileira em 2011, que totalizou US$ 482.283 milhões, 45% ocorreram com estes últimos (Brasil, 2012).

Figura 8
ÍNDICE DE MASCULINIDADE

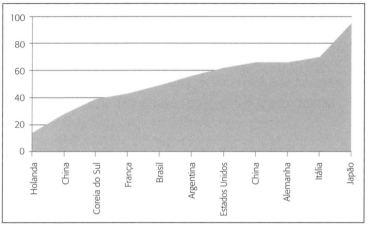

Fonte: Baseada em Hofstede, Hofstede e Minkov (2010).

Quando se analisam, em conjunto, a masculinidade e a distância do poder, surgem alguns fatos interessantes, conforme pode ser verificado na figura 9. Quase todos os nossos principais parceiros comerciais se encontram em quadrantes diferentes do nosso. Apenas Chile, Coreia do Sul e França estão na mesma posição do Brasil. O mais complicado é que esses países, em conjunto, não têm a relevância dos demais. Enquanto os países com posição antípoda a nossa – Argentina, Alemanha, Estados Unidos e Itália – responderam por US$ 124,7 bilhões em 2013, os países que se encontram em nosso quadrante responderam por apenas US$ 25,1 bilhões no mesmo ano. China e Japão, que comungam de nossa distância do poder, mas são masculinos, responderam, no mesmo ano, por US$ 98,5 bilhões.

Alguns pressupostos intrínsecos na nossa maneira de ser não são comuns aos nossos parceiros. Isso diz respeito, entre outros aspectos, à forma de tratar o tempo e à maneira como se tratam as emoções. Portanto, é necessário que tenhamos negociadores bem-preparados para fazer frente às demandas das tendências de masculinidade e feminilidade nesses países, uma vez que as demandas negociais poderão ser influenciadas por essa dimensão.

Figura 9
CORRELAÇÃO ENTRE DISTÂNCIA DO PODER E MASCULINIDADE

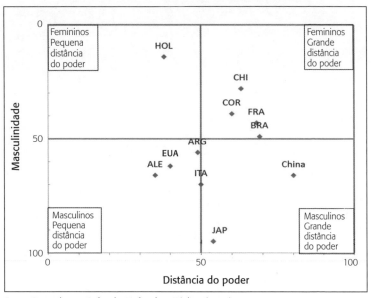

Fonte: Baseada em Hofstede, Hofstede e Minkov (2010).

Se formos comparar o Brasil com os parceiros no que diz respeito à distância do poder e a coletivismo e individualismo, constataremos que apenas Chile e Coreia se encontram no mesmo quadrante do Brasil, conforme ilustrado na figura 10.

Figura 10
ANÁLISE COMPARATIVA ENTRE INDIVIDUALISMO, COLETIVISMO E MASCULINIDADE E FEMINILIDADE

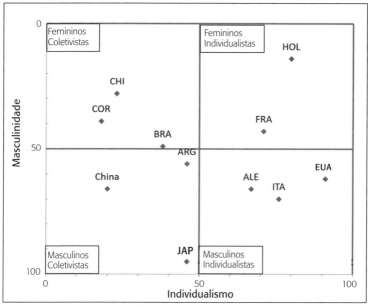

Fonte: Baseada em Hofstede, Hofstede e Minkov (2010).

Com base nos dados aqui expostos, pode-se constatar uma multiplicidade de fatores intervenientes no cenário negocial e na dinâmica da própria negociação, o que torna primordial para o negociador brasileiro aprender a conviver com esses elementos culturais diversos e que, em muitos casos, valorizam aspectos que são opostos aos nossos.

Tolerância às incertezas e às ambiguidades

A forma como uma cultura convive com incertezas constitui outro fator importante encontrado por Hofstede, Hofstede e Minkov (2010) em suas pesquisas. Conviver com ambiguidades e incertezas não é algo confortável para a maioria das culturas. Quase sempre o que é diferente é visto como perigoso.

A pesquisa de Hofstede, Hofstede e Minkov (2010) constatou a seguinte distribuição dos países em relação à atitude face à incerteza (figura 11).

Figura 11
ATITUDE EM RELAÇÃO ÀS INCERTEZAS

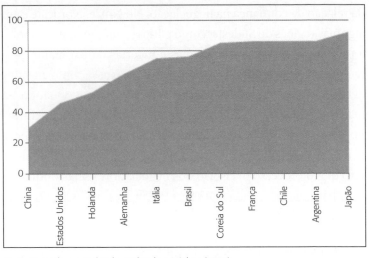

Fonte: Baseada em Hofstede, Hofstede e Minkov (2010).

Como se pode ver na figura 11, apenas China e Estados Unidos, entre os maiores parceiros do Brasil, convivem de forma relativamente confortável com situações ambíguas e incertas. Todos os demais, em maior ou menor grau, apresentam aversão às incertezas. A convivência com as incertezas está intimamente ligada à forma como é tratado o risco. Para conviver com tais situações, a tendência é que países de diferentes culturas tratem o problema de formas diferentes.

No Brasil, caracterizado por influências culturais de vários países, o nível de tolerância às incertezas e ambiguidades pode variar conforme regiões e setores de atividade comercial. Por exemplo, no Sul há maior aversão a ambiguidades e incertezas devido às influências culturais de países como Itália e Alemanha. Ao negociar com gestores que têm baixa tolerância à incerteza, é necessário que se esteja muito bem-preparado, mostrando profundo conhecimento do objeto e do cenário negocial. Deve-se esperar muitas perguntas específicas e saber dar respostas detalhadas, uma vez que isso será determinante na construção da relação de confiança na negociação. No Norte, Nordeste e em algumas regiões do Sudeste, como o Rio de Janeiro, por exemplo, a tolerância a situações ambíguas e incertas é bem maior. Isso requer a capacidade do negociador para buscar informações detalhadas na preparação e à mesa de negociação. Quando há maior tolerância a situações ambíguas, prevalece maior informalidade nas relações comerciais, há uma tendência de colocar maior percentual de "gordura" nas propostas comerciais e não é raro que o processo decisório dos negociadores seja conduzido com base em pressuposições, e não em conhecimento (dados e fatos).

A figura 12 correlaciona as variáveis "reação às incertezas" e "distância do poder". O negociador internacional pode utilizar essa correlação para antecipar como os problemas contingenciais provavelmente serão resolvidos ao longo do processo de negociação.

Com base na análise dessas variáveis, pode-se entender por que, em países como os Estados Unidos, problemas contingenciais são vistos como naturais e resolvidos por meio da negociação. Em países como a Alemanha, que tem baixa tolerância à ambiguidade e incerteza, provavelmente os negociadores lançarão mão de sistemas rígidos e criteriosos para a resolução dos conflitos comerciais. Já na França, o problema será levado até o chefe superior, uma vez que há maior distância do poder.

Figura 12
CORRELAÇÃO ENTRE DISTÂNCIA DO PODER E INCERTEZA

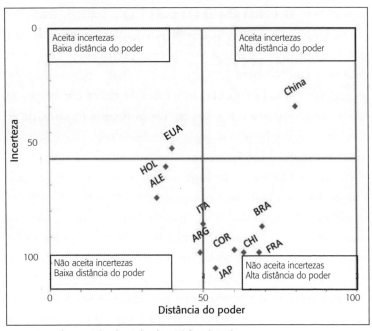

Fonte: Baseada em Hofstede, Hofstede e Minkov (2010).

Tendo identificado aspectos importantes que fazem parte do *self* dos negociadores e alguns elementos culturais que podem eventualmente intervir na dinâmica do processo decisório e da negociação, é hora de tratarmos das principais estratégias de planejamento, preparação e implementação de um acordo internacional. É o que você, leitor, verá no próximo capítulo.

5 Estratégias de planejamento, preparação e implementação de um acordo internacional – matriz de negociações complexas

Este capítulo descreve as principais estratégias de planejamento, preparação e implementação de um acordo internacional e apresenta a matriz de negociações complexas. A estrutura da matriz de negociações complexas utiliza uma abordagem de ganhos mútuos (Mnookin e Susskind, 1999). Trata-se de uma metodologia de negociação dividida em quatro etapas, contemplando 10 elementos. Uma análise do contexto permite ao negociador selecionar dentro destes 10 elementos as formas mais adequadas de negociar. A seguir iremos discorrer sobre a aplicação da matriz de negociações complexas.

Matriz de negociações complexas

A técnica da matriz de negociações complexas, criada no Brasil pelo Programa de Negociações Complexas da Fundação Getulio Vargas (FGV), integra os cinco elementos do método de Harvard, "chegando ao sim" (Fischer, Ury e Patton, 1991) e o método de "ganhos mútuos" (Mnookin e Susskind, 1999), uma teoria evolucionista com mais cinco elementos e uma dimensão cognitiva (Duzert, Spinola e Brandão, 2010).

Apresentamos, no quadro 6, a matriz de negociações complexas.

Quadro 6

MATRIZ DE NEGOCIAÇÕES COMPLEXAS

Matriz de negociações complexas		As quatro etapas			
		Preparação	Criação de valor	Distribuição de valor	Implementação
Dez elementos	Contexto	x			
	Interesses	x	x		
	Opções	x	x		
	Poder	x	x		
	Cognição	x	x	x	x
	Relacionamento	x	x	x	x
	Concessões	x		x	
	Conformidade	x			x
	Porções	x		x	x
	Tempo	x			x
Dez formas				**Dez indicadores**	
Baseados em interesses		Negociações diretas Negociações informais paralelas (PIN) Diálogo entre múltiplas partes (MSD) Negociações com o auxílio de agentes Negociações via facilitador Negociações via mediador Negociações via metamediador Negociãoes via arbitragem		Satisfação / Racionalidade Controle Físico Otimização econômica Ética Justiça e equidade Impacto e sustentabilidade Produtividade Emoções Autopoiese	
Baseados em leis		Negociações via juiz (conciliação) Negociação via força policial ou militar			
Técnicas aplicadas à construção de consenso					
Busca de soluções conjuntas (JFF); Competição; Gestão de conversas difíceis; Público demandante; Contratos contingenciais					

Fonte: Duzert, Spinola e Brandão (2010).

A matriz de negociações complexas apresenta 10 elementos que são os componentes de qualquer negociação.

O método de ganhos mútuos possui uma abordagem diferenciada, por ser um conjunto de quatro etapas que permitem maximizar as chances de atender aos interesses de todas as partes, além de criar e manter um bom relacionamento entre os negociadores. Assim, o processo é mais eficiente e viabiliza a realização desses ganhos.

A negociação pode também se definir como um processo ético e elegante de tomada de decisões racionais visando à obtenção de benefícios mútuos; como um bom procedimento que permite alcançar um bom consenso (Susskind, Duzert e Lempereur, 2006).

Etapas da negociação

As quatro etapas do processo de negociação são:

❑ preparação: antes de iniciar a negociação;
❑ criação de valor: início da negociação como uma tempestade de ideias, uma conversa exploratória cooperativa;
❑ distribuição de valor: o que se faz para alcançar um acordo, ser competitivo e focado em seus interesses e, ao mesmo tempo, amigável com as pessoas; e
❑ implementação e avaliação: a execução do acordo.

Os estágios do processo de negociação baseado em princípios e nas quatro etapas fundamentais são:

1. *Preparação* – Com relação à questão da preparação, cabe uma análise sociológica, cultural, econômica e histórica. É importante analisar os elementos legais e políticos de um país que podem impactar a negociação e os valores éticos do seu interlocutor, as referências coletivas e tradições que podem não ser formalmente evidentes e que penetram no ambiente de negociações (Lempereur, Colson e Duzert, 2009). Uma avaliação da natureza do relacionamento entre os protagonistas deve ser feita antes de sentar-se à mesa, permitindo assim selecionar a melhor forma de negociar. Se as pessoas se conhecem e confiam umas nas outras, podem negociar

diretamente. Se os negociadores tiverem dificuldades de dialogar diretamente, podem preferir ser representados por intermediários, como advogados ou facilitadores. Quando o contexto é conflituoso, a negociação é complexa e as partes estão caminhando para um impasse, o uso de um mediador pago pelas partes ou de um facilitador neutro financiado por uma das partes permite estruturar um processo de criação de consenso. No caso da crise de Cuba, os governos russo e norte-mericano usaram canais de negociação informais, como a intermediação de um amigo do presidente Kennedy e um amigo do presidente Khrushchov para buscar soluções fora dos canais oficiais.

A arbitragem, por meio de câmaras de arbitragem locais, também é um mecanismo de resolução de conflitos comerciais a ser adotado para evitar um processo judiciário demorado. Como exemplo, a Câmara Brasil-Canadá no Brasil busca resolver conflitos entre empresas brasileiras e estrangeiras, em conformidade com a lei brasileira.

Quanto aos negociadores brasileiros, apesar de entenderem que a etapa da preparação é uma das mais importantes do processo de negociação, pouco se preparam. Isso ocorre devido a alguns fatores que influenciam seus processos decisórios, como a falta de visão sistêmica, a pressão do tempo, o foco no curto prazo, a cultura do "improviso" e a do "aditivo".

2. *Criação de valor* – Essa etapa consiste em criar um tom amistoso e cooperativo em que se buscam opções que possam alinhar os interesses das partes. Exploram-se os interesses das partes. Não se fazem críticas e criam-se opções sem compromisso. É uma tempestade de ideias em que não se fala do preço; apenas identificam-se os interesses e preferências, e criam-se opções para atender a todas as partes envolvidas na negociação. É uma etapa para ouvir, perguntar, inventar

possíveis cenários, na qual os negociadores buscam fazer "o bolo crescer". É vista como uma conversa exploratória.

3. *Distribuição de valor* – Etapa que se inicia depois do estágio de criação de valor, quando todas as opções foram criadas e já existe confiança e um tom cooperativo entre os negociadores. Ao se falar do preço ou outros elementos de distribuição de valor, inaugura-se a parte mais competitiva da negociação. Torna-se necessário, então, justificar com critérios objetivos o preço, os termos e as condições, e, para tal, o negociador deve utilizar padrões ou normas que vão trazer confiança, objetividade e racionalidade à argumentação das propostas. É nesta etapa que os negociadores tratam de "dividir o bolo".

4. *Implementação* – Esta última etapa é aquela em que se trata das ações vinculadas ao fechamento e à execução do acordo. Monitorar as decisões, facilitar compromissos sustentáveis, colocar cláusulas de multa, de confidencialidade, alinhar os incentivos, melhorar o relacionamento no decorrer do trabalho contínuo e resolver os desacordos por meio da neutralidade são algumas ações inerentes a esse estágio. É importante ter certeza de que o que foi acordado será, de fato, implementado e de que todas as contingências foram avaliadas e colocadas no contrato.

Os 10 elementos da negociação

A matriz de negociações complexas tem como base 10 elementos, a saber:

1. contexto internacional;
2. interesses;
3. opções;
4. relacionamento;
5. padrões e critérios objetivos;

6. cognição;
7. tempo;
8. poder;
9. concessões;
10. conformidade jurídica.

Os 10 elementos da matriz de negociações complexas são componentes universais de qualquer negociação. A seguir, trataremos dos cinco primeiros elementos. Os demais serão abordados no capítulo seguinte.

Contexto internacional

Como mencionado na etapa de preparação, a análise do contexto é o primeiro trabalho do negociador. O negociador internacional deve reunir informações sobre os diferentes ambientes em que se desenvolverá a negociação. Podemos identificá-los em cenários políticos, sociais, econômicos, ambientais, além de culturais, religiosos e comerciais.

Ao analisar o contexto, há uma facilidade de adotar determinada posição, permitindo assim observar os envolvidos e suas inter-relações. Havendo o acompanhamento dinâmico do contexto, o negociador poderá identificar cenários e opções e refletir sobre o processo, além de considerar os fatores externos que influenciam as quatro fases da negociação.

A etapa de preparação é fundamental para a análise do contexto, para distinguir abordagens e procedimentos. No caso de haver necessidade de estreitamento de laços comerciais com agências governamentais, os aspectos de estabilidade política entre países precisam ser cuidadosamente analisados. Em acordos comerciais com o Brasil, como no caso da soja e da carne brasileiras, as organizações devem avaliar diferentes aspectos, como o padrão de preço nacional e internacional, o câmbio e o risco-país.

Em relações internacionais com determinado país, é necessário avaliar se existem riscos políticos, financeiros, sanitários, entre outros. Em 2012, o Brasil mostrou-se preocupado com os embargos à carne bovina brasileira que surgiram após os rumores de incidência da doença da vaca louca. Isso criou um contexto desfavorável para negociar com países como o Irã e a África do Sul. Para minimizar os riscos e desfazer o impasse, o Brasil utilizou os elementos da comunicação eficaz para reconstruir a confiança e critérios objetivos para provar que o consumo da carne brasileira era seguro. Assim, a análise do contexto permitiu elaborar uma estratégia de negociação e prevenir riscos de não fechar acordos, além de antecipar soluções visando prevenir o impasse.

Interesses

Os interesses são os componentes de posicionamentos das partes: desejos, receios, necessidades, preocupações, motivações, preferências, temores e esperanças; são valores subjacentes às posições, constituindo as reais razões e motivações das partes. Por exemplo, os interesses do proprietário de um apartamento em alugar seu imóvel podem se traduzir de diversas formas: alugar por um longo prazo, sem a garagem, com fiador, para uma pessoa com salário e emprego fixo, diminuir o risco ou ter um inquilino que pague o IPTU.

O objetivo do negociador é buscar satisfazer os interesses das partes e, dessa forma, alcançar a sustentabilidade do acordo. Isso é conseguido:

❏ focando a negociação em interesses e não em posições;
❏ comunicando com transparência as reais motivações; e
❏ indagando sobre as preferências e desejos da outra parte.

A negociação é um dilema (Lempereur, Sebenius e Duzert, 2001), uma vez que é necessário que se revelem os interesses para construir confiança, criar valor e aumentar o tamanho do bolo. No entanto, ao se revelarem os interesses, poderá haver prejuízo na hora de distribuir o valor. O negociador encontra-se aprisionado ao dilema entre revelar ou não seus interesses numa negociação. Para sair desse dilema, recomenda-se ao negociador deixar transparecer os interesses sem mostrar suas preferências, necessidades ou desejos, para não criar uma relação de dependência do outro e, assim, manter seu poder de barganha.

Em negociações internacionais, é comum ver os negociadores alinharem seus interesses. Por exemplo, nas negociações da festa nacional do 4 de setembro na cidade de Blaine, nos Estados Unidos, os vereadores e empresários se encontram a cada ano para desenhar o projeto do evento. Todos os participantes colocam seus interesses, desejos e medos à mesa para resolverem conjuntamente os desafios e problemas que possam surgir ao longo da realização do evento (Susskind, Cruickshank e Duzert, 2008).

A preparação é uma das partes mais importantes do processo da negociação, pois permite mapear os interesses e preferências das partes. Na etapa de criação de valor, já no encontro com as outras partes, a habilidade de saber ouvir e perguntar torna-se crítica para que os negociadores possam identificar, *in loco*, quais são os desejos, necessidades e preferências em jogo. Habilidades como a escuta ativa e a adoção de conversas exploratórias permitem a definição clara dos problemas e conflitos a serem resolvidos. Uma definição conjunta permite identificar o "porquê" da negociação (Sinek, 2009), o objetivo primário que as partes têm no contexto negocial. Uma vez que a missão da negociação esteja claramente definida e uma visão comum tenha sido criada, os negociadores poderão explorar o "como", isto é, a estratégia, os processos e os procedimentos a serem adotados para alcançar seus objetivos. Por fim, poderão buscar "o quê?", identificando quais itens precisam ser negociados, como preço, produto, prazo, condições de pagamento, entre outros.

A Disney percebeu a importância de lidar com consumidores internacionais focando seus interesses e analisou as razões que motivam um cliente a deixar sua organização. Pelo menos 50% das razões identificadas se referiam ao *relacionamento*, a saber, atendimento, empatia, bondade, sorriso, solidariedade, boa-fé; 20% à *distância*, isto é, o tempo de deslocamento, pois os consumidores não gostavam de viajar mais de sete horas para tirar férias; 20% das razões estavam relacionadas à *qualidade do serviço*, e 10%, ao *preço*. Muitos negociadores internacionais pensam que o preço é o foco primordial da negociação; no entanto, em muitas situações, o maior interesse é no desenvolvimento de um relacionamento construtivo, na proximidade e na repetição de visitas. É importante salientar que a percepção de qualidade de um serviço pode variar entre as pessoas e, devido a isso, torna-se muito relevante para o negociador perguntar e ouvir a outra parte antes de construir a proposta de valor. Verifica-se, portanto, que o mapeamento de interesses é a parte mais estratégica da negociação, uma vez que permite construir uma proposta de valor que atenda às expectativas das partes e facilite a criação de opções que satisfaçam a esses interesses.

Opções

As opções são a satisfação de interesses e necessidades das partes utilizando várias formas de criação de valor. Para Fischer, Ury e Patton (1991), existem quatro obstáculos à criação de uma multiplicidade de opções: a) julgamento prematuro; b) busca de uma única resposta; c) pressuposição de um bolo fixo; e d) suposição de que "resolver o problema deles é problema deles".

As recomendações desses autores para inventar opções criativas são: a) distinguir o ato de julgar opções do ato de criá-las; b) ampliar as opções a serem apresentadas, em vez de buscar uma resposta única; c) buscar benefícios mútuos para atender aos interesses das partes; e d) inventar formas de facilitar as decisões das outras partes. A empresa americana Praxair, que se juntou com a White Martins no Brasil, desenvolveu um programa de capacitação em negociação com a FGV, buscando criar uma cultura de negociações multinacionais cujo foco não fosse somente negociar preço, e sim ser criativo na construção de opções. Hoje, os vendedores da White Martins, quando negociam com clientes, buscam opções inovadoras, como patrocínio de maratona de hospitais, opções de prazo e pagamento de contratos, alternativas de volume de gás, tipos de novos produtos para substituir antigos, opções para reverter a negociação e se tornar o cliente do cliente.

A Intel, por exemplo, identificou a possibilidade de, além de apenas vender *chips* para a Hewlett-Packard, também comprar impressoras e computadores da HP.

Relacionamento

O relacionamento corresponde a um padrão generalizado da relação entre as partes envolvidas dentro e fora da negociação. Um levantamento revela o histórico de relacionamento. A manutenção e a preservação de um bom relacionamento ao longo de todo o processo são itens importantes a serem contemplados. Na China, existe o conceito de *guanxi*, que significa conexão pessoal. Os chineses dão grande importância à rede de relacionamentos interpessoais e à reputação. Sendo a confiança a base de qualquer relacionamento em negociações internacionais, com a China é necessário construir um *guanxi* e, também, um *hui bao*, que significa reciprocidade. Valores morais, lealdade de longo prazo, reciprocidade e empatia são elementos de grande importância nos relacionamentos na China. O chinês também valoriza o *rendji hexie*, isto é, a harmonia interpessoal. Assim, existe uma expressão na China que diz que "um homem sem sorriso não deveria abrir uma loja". Para os chineses, a credibilidade é um misto de relacionamento interpessoal harmônico e de amizade.

O relacionamento de confiança também tem como base a gestão do risco e a psicologia. Arrow e colaboradores (2011) afirmam que a aversão e a propensão ao risco são duas grandes vertentes psicológicas de um negociador. Portanto, torna-se importante acompanhar a dinâmica das emoções e dos comportamentos ao longo da negociação para construir um relacionamento duradouro.

Tversky e Kahneman (2000) nos mostram que existem diferentes mentalidades, podendo o negociador utilizá-las em função de seu objetivo e de como irá revisá-lo ao longo do processo de negociação. Assim, a mentalidade vem mostrar que é possível ter um jeito múltiplo de ser, podendo assim uma pessoa agressiva se transformar em uma pessoa mais calma, um pessimista em otimista, ou uma pessoa otimista tornar-se mais cautelosa.

Na fase da distribuição de valor, é natural que a tensão aumente, podendo ocorrer o desgaste do relacionamento, alterando o comportamento das partes. Nessa etapa, pode ser interessante chamar terceiros como facilitadores para apoiar os negociadores no processo de comunicação e no controle do teor emocional. Saber separar o relacionamento do problema, lidar com eles separadamente, cada qual por seu mérito, e pensar sobre o discurso da outra parte são ações a serem adotadas nessa etapa. Havendo um relacionamento pautado no respeito das diferenças em toda a negociação, os negociadores terão maior probabilidade de êxito.

Padrões e critérios objetivos

Os padrões servem para criar objetividade e dar legitimidade à argumentação e à proposta comercial. O uso de critérios objetivos pode transformar uma opinião subjetiva em uma informação justa e, assim, dar credibilidade na hora de ancorar um número ou um preço. Podem ser usados padrões, como tabelas de preços de aluguel, um conceito ISO 9000 de qualidade ou um modelo padronizado e técnico de segurança reconhecido pela Aneel.

Para Mnookin e Susskind (1999), o uso de padrões e critérios objetivos serve de escudo para defender preço, termos e condições. Caso o preço esteja acima do padrão do mercado, o negociador terá todo o interesse em explicar sua relatividade e o fato de que o produto não é comparável com outros. Quando não existirem padrões ou critérios objetivos, ou caso exista uma diferença nos padrões adotados pelos diferentes países, os negociadores precisarão chegar a um acordo pensando "fora da caixa" e inventando conjuntamente critérios objetivos que deem legitimidade às suas propostas e facilitem a composição de um acordo justo.

Com a apresentação da matriz de negociações complexas, verificamos que existem elementos centrais que tornam a negociação um processo integrativo, no qual o uso da força e da imposição não basta para alcançar um acordo internacional de alta qualidade e sustentabilidade. Negociar com poder não é suficiente para motivar as partes a tomar a melhor decisão. É importante identificar os elementos de poder e como podem ser usados, assim como os da cognição e os impactos do tempo e da lei nas negociações internacionais. No próximo capítulo, olharemos para a negociação como um processo cognitivo de gestão do risco, da informação e da decisão.

6

Negociação internacional como gestão do risco, da informação e da decisão

O poder não basta para tornar a negociação um processo cognitivo construtivo. A abordagem moderna da negociação considera a cognição um elemento fundamental para criar objetividade, reduzir o *gap* de percepção entre as partes e aceitar as diferenças culturais e de opinião. Este capítulo argumenta que a negociação deve ser vista como um processo cognitivo de gestão do risco, da informação e da decisão, tornando o elemento poder de persuasão menos importante do que o aprendizado conjunto baseado na boa-fé e na busca de soluções elegantes, racionais e satisfatórias.

Cognição

A negociação deve ser entendida como um processo de aprendizado conjunto, um processo explicativo para reduzir o *gap* (diferença) de percepções entre as partes e definir a problemática de forma adequada para que seja possível resolver conjuntamente o problema. A comunicação é fundamental para evitar erros de interpretação, mal-entendidos em razão de idiomas ou choques culturais. Se os negociadores não concordam sobre a identificação do problema, como vão poder concordar com sua solução? Assim, investir tempo na definição adequada do problema e concordar sobre o escopo da negociação é fundamental para achar uma solução conjunta. Por exemplo, na União Europeia havia um conflito entre a Comissão Europeia e um sindicato de pescadores sobre a cota de pesca. Os pescadores alegavam que havia 10 toneladas de peixes no mar em determinada região, enquanto a Comissão Europeia, que regulava as cotas de pesca na região, alegava apenas três toneladas. Como havia uma diferença nas informações que as partes tinham e nos métodos de avaliação da quantidade de peixe na região, acordaram fazer uma busca conjunta de dados, assessorados por um especialista de uma universidade de engenharia escolhido conjuntamente. Dessa forma, concordaram com uma metodologia de avaliação proposta pela universidade e pactuaram que a quantidade de peixe existente na região era de cinco toneladas. Isso permitiu que as partes estivessem de acordo sobre a cota para pescaria permitida para aquela região.

A abordagem moderna da negociação fortalece o elemento cognição em detrimento do elemento poder. Com a cognição, a negociação se torna um processo de aprendizado conjunto, uma gestão do risco da informação e da decisão. O elemento cognição valoriza as decisões conjuntas das partes baseado na boa-fé, na busca conjunta de dados, em comitês de pesquisas e na intervenção de peritos independentes que possam atestar a integridade, validade e transparência da informação e da decisão. Com o elemento cognição, os negociadores fortalecem a confiança e o entendimento mútuo, desenvolvendo um relacionamento mais empático e respeitoso.

O negociador, ao usar o elemento da cognição, valoriza a escuta ativa e empática, mostra interesse em perguntar e ouvir o outro. Tem disposição cooperativa e pensa em termos de inteligência coletiva, de forma criativa. O problema de entendimento pode criar viés decisório que vem da assimetria de informação (Bazerman, 2004), da falta de transparência e de cooperação (Nash, 1950), e, por isso, torna-se fundamental entender a negociação como um elemento cognitivo, envolvendo processos de gestão do risco, da informação e da decisão.

Para ter um posicionamento melhor é necessário que o negociador compreenda o tipo de comunicação, direta ou indireta, que predomina na cultura em que é conduzida a negociação, além de avaliar as outras partes transmissoras das mensagens por meio de canais ou formas complexas e não convencionais de comunicação. Por exemplo, empresas multinacionais, como a General Motors do Brasil, buscam contratar brasileiros que conhecem o mercado brasileiro para trabalhar com expatriados norte-americanos que conhecem a cultura da GM nos Estados Unidos. Em processos de aquisição e fusão entre empresas de países diferentes, muitas organizações criam equipes interculturais conhecidas como *cross cultural teams*. Essas equipes atuam como integradores de diferenças culturais. No Brasil, o HSBC tinha um executivo escocês que coordenava cada equipe no Brasil, no Chile, na Argentina e no México. Ele viajava entre esses quatro países e reportava à matriz da organização na Grã-Bretanha. Atuava de forma a alinhar as práticas do HSBC na Grã Bretanha e como um gerente equalizador organizacional (Cavalcanti, 2007), ou seja, um diplomata corporativo para viabilizar, de forma coordenada, a integração cultural com países da América Latina.

Para Fischer, Ury e Patton (1991), a negociação é um processo de comunicação bilateral com o objetivo de chegar a uma decisão conjunta. Para tal, pode ser necessário estabelecer padrões e regras de comunicação, especialmente quando observado um alto grau de animosidade entre as partes, de forma a manter a ordem e a clareza nas informações repassadas.

A comunicação por meio de mensagens contém fatos, que são inquestionáveis; opiniões, cuja discussão deve ser evitada; sentimentos, que devem ser levados em consideração; e códigos de linguagem não verbal, que devem ser aprendidos, pois podem constituir-se em uma fonte de mal-entendidos. Portanto, para que os objetivos dos negociadores sejam alcançados, deve-se escutar antes de falar, entender e demonstrar que ouviu, esclarecer antes de chegar a conclusões.

Tempo

O tempo é um fator de grande importância durante uma negociação. Existem culturas que não sabem lidar com incertezas no futuro, prazos ou ausência de prazos. Os alemães, por exemplo, gostam de rigor nas entregas de produtos e de planejar com muita antecedência. Os chineses gostam de dar tempo ao tempo para conhecer seu interlocutor; não se faz negociação antes de ter um histórico de encontros e de confiança construída. O tempo pode ser estrategicamente manipulado, retardando ou acelerando as ações e reações durante o processo, afetando assim emoções, expectativas e interesses conquistados, e a satisfação das partes como um todo. Existe a possibilidade de negociar prazos visando aumentar a produtividade da negociação. O fato de estabelecer um prazo em uma negociação deixa menos tempo para a etapa de criação de valor (a criação de opções) e pode diminuir a probabilidade de fechar um acordo. Estabelecer prazos pode deixar menos tempo para a criação da confiança e empatia. Também com menos tempo, limitam-se as opções criadas, o tamanho do bolo negocial e as chances de criar ganhos mútuos.

A negociação com prazos rigorosos tem foco mais distributivo do que integrativo. Isso significa que os negociadores concentram a discussão muito no preço e pouco na criação de valor com base em opções. Por sua vez, o não estabelecimento de prazos permite construir a confiança, motiva a criatividade na etapa da criação de valor e aumenta a probabilidade de fechar acordo com ganhos mútuos.

A cultura tem uma influência substantiva na definição de o que o tempo significa e de como afeta as negociações. Nas culturas mediterrâneas, as pessoas têm uma atitude diferente com relação ao tempo daquela das pessoas de países de língua inglesa e do norte europeu. Em culturas policrônicas, tais como a espanhola, a italiana, a brasileira e a grega, há uma grande tolerância para que várias coisas aconteçam ao mesmo tempo, e, consequentemente, reuniões podem ser interrompidas por telefonemas e pessoas que entram com documentos para serem assinados. Nesses países, as atitudes com relação ao tempo são muito mais flexíveis; as pessoas vivem muito mais o presente e, quando possível, evitam agendar datas específicas no futuro.

Ao contrário, pessoas de culturas monocrômicas, tais como a inglesa, a alemã e a norte-americana, dedicam blocos de tempo a determinadas tarefas ou reuniões e têm baixíssima tolerância a interrupções e digressões dentro desse bloco de tempo. É dada grande ênfase aos prazos e são incentivados esforços para se manter dentro deles. Nos Estados Unidos, há uma crença geral de que "rápido" é melhor que "devagar", porque simboliza alta produtividade. Nos climas quentes, o ritmo é mais devagar do que nos Estados Unidos. Isso tende a reduzir o foco no tempo. Nos países latino-americanos e na China, o foco das negociações é a tarefa, independentemente do montante de tempo que seja necessário para sua realização. Devido às diferentes percepções sobre o tempo, os mal-entendidos podem ocorrer com mais frequência nas negociações internacionais.

Poder

O poder pode ser definido como a habilidade do negociador de influenciar o comportamento da outra parte. Assim, as relações de poder existem em todo lugar. Geralmente imaginamos que a parte mais poderosa exercerá uma influência maior. Entretanto, poder é, em grande parte, um estado mental. A chave para a sobrevivência está na atitude que você deve adotar, mesmo quando estiver se preparando para uma negociação. Se entrar em uma negociação acreditando que a outra parte é superior, provavelmente sairá com um acordo ruim. Sua percepção de quão poderosa é a outra parte, independentemente de ser verdadeira ou não, é o cerne da questão.

Para entender o "uso" do poder na negociação, você precisa primeiro entender a diferença entre percepção e realidade. Muitas vezes, subestimamos ou superestimamos o poder real que a outra parte tem, e essas concepções errôneas nos levam a fazer movimentos inapropriados dentro do processo da negociação.

De acordo com Karrass (1994), a percepção tem um papel importante na criação do *poder de barganha*. O autor sugere algumas perguntas fundamentais a serem feitas:

1. Como você percebe seu poder?
2. Como você acha que a outra parte percebe seu poder?
3. Como você quer que a outra parte perceba seu poder?
4. Como você percebe o poder da outra parte?
5. Como a outra parte percebe o próprio poder?
6. Como a outra parte quer que você perceba o poder dela?

Como mencionado, um passo na preparação para as negociações é avaliar o equilíbrio de poder entre as partes. Para tal, você deve entender os princípios básicos do poder:

❑ o poder é sempre relativo;
❑ o poder pode ser real ou aparente;
❑ o poder pode ser exercido sem uma ação;
❑ o poder é sempre limitado;
❑ o poder existe na exata medida em que é aceito;

- o poder, quando usado de forma exploradora, resulta em uma vitória de curta duração;
- o exercício do poder impõe custos e riscos;
- as relações de poder mudam ao longo do tempo.

Karrass (1994) identifica nove fontes de forças que contribuem para o equilíbrio geral de poder entre as partes envolvidas em uma negociação. São elas:

1. *recompensas* – podem ser de natureza tangível (lucro, liquidez, fluxo de caixa, objetivos associados ao fluxo de caixa ou recompensas de longo prazo, expansão de mercado, produtos ou canais de distribuição) ou intangível (benefícios que satisfaçam as necessidades de segurança, autorrealização, reconhecimento, entre outras). Apesar de as recompensas serem cruciais para o equilíbrio de poder, elas são, em geral, superficialmente analisadas. É fundamental realizar uma análise das recompensas para todas as partes envolvidas;

2. *não recompensa ou punição* – na maioria das transações comerciais, as partes se defrontam mais com a possibilidade de perder alguma coisa desejável do que com a punição direta. A punição ou a não recompensa podem ser tangíveis, como as greves, ou intangíveis, como a tensão psicológica que pode resultar em perda de confiança. Podemos exercer influência através da habilidade de punir ou impedir a recompensa;

3. *legitimidade* – é uma fonte eficaz de poder, uma vez que aprendemos a não questionar a autoridade da lei, a propriedade, as tradições, os procedimentos, os regulamentos de governo e as associações comerciais, mesmo diante de cenários em mudança. Uma parte poderá exercer influência com base em alta autoridade institucional ou cultural;

4. *compromisso* – compromisso, lealdade e amizade são referências de poder. Além disso, as pessoas de negócios perceberam

que o compromisso para com os interesses de longo prazo de todas as partes envolvidas na negociação é essencial para a existência de um relacionamento duradouro e satisfatório;

5. *conhecimento* – conhecimento e controle de informação significam poder. Conhecimento sobre mercado, produtos, regulamentações, objetivos da outra parte e suas posições de barganha, além da teoria e da prática do profissional de negociação, são grandes fontes de poder;

6. *competição* – a competição tem um efeito importante no poder de barganha, pois leva para a transação diferentes fatores econômicos. Você também pode aprimorar sua posição competitiva simplesmente levando para a negociação um negociador cuja personalidade seja competitiva – aquele que gosta de lutar por algo e tem um forte desejo de vencer;

7. *incerteza e coragem* – todos nós desejamos segurança e tentamos evitar riscos sempre que possível. Se você tem uma grande propensão a riscos, certamente gostará do poder. As pessoas avaliam os riscos de formas diferentes, mesmo quando têm acesso à mesma informação. Essa avaliação pode ser baseada em questões racionais ou irracionais, experiência prévia etc. Dessa forma, alguns riscos podem ser antecipados, enquanto outros não. Incertezas podem ser geradas em níveis pessoais e corporativos – impasses ou quebras nas negociações podem colocar em risco a imagem e a reputação de um bom negociador. Os riscos podem aumentar quando introduzimos questões nas quais o conhecimento que a outra parte tem é deficitário. A coragem tem um papel importante nas tomadas de decisão, nas concessões, nas escolhas de posição ou na pressão exercida diante de um impasse ou de uma quebra. A coragem é certamente necessária para tolerar incertezas, e, indubitavelmente, diferimos nessas nossas habilidades;

8. *tempo, esforço e trabalho* – tempo e paciência são poder. Quando está pressionado por um prazo ou a um limite tem-

poral, você pode ser forçado a fazer um acordo insatisfatório. A vontade de trabalhar é também uma fonte de poder, e planejar e lidar com impasses e quebras requer de nós essa vontade. A parte que mais quiser trabalhar duro nesses cenários sairá ganhando;

9. *habilidade de barganhar* – as habilidades de planejar, persuadir, influenciar percepções, analisar o poder e a tomada de decisão, selecionar pessoas eficazes e entender a teoria e o processo da negociação, ou seja, exercer uma barganha eficaz, são, certamente, uma imensa fonte de poder a ser constantemente desenvolvida.

Nos negócios, as pessoas tendem a superestimar o poder da outra parte e subestimar o próprio poder, especialmente quando aspectos menos tangíveis estão envolvidos. Uma avaliação cuidadosa do equilíbrio de poder entre as partes é uma ação essencial do planejamento e da preparação para o processo de negociação. De acordo com Karrass (1994), entender a estrutura do poder e percebê-lo adequadamente não é suficiente. Um negociador precisa desenvolver a habilidade de usar o poder a seu favor.

O poder refere-se à capacidade de influenciar numa decisão com meios normativos e táticas. O negociador que gosta de utilizar o elemento do poder tem um comportamento autoritário, privilegia posições e um tom mais imperativo do que conciliador. Funciona com um tom de liderança assertiva, por meio do uso de ameaças, recompensas, poder político ou financeiro, eloquência e carisma para chegar ao seu objetivo.

O poder facilita uma tomada de decisão mais rápida, porém unilateral. Ninguém gosta de ter uma faca na garganta, de ser constrangido a tomar uma decisão que não entende e não aceita. De um lado, a decisão é tomada; de outro, o relacionamento fica prejudicado, podendo diminuir a motivação e a execução da ação. Algumas táticas de poder em negociações internacionais ocorrem com ética ou, às vezes, com omissões e outras estratégias constrangedoras, tais como humilhação, racismo, corrupção, ameaças, preconceitos, desprezo.

O poder de barganha consiste em buscar uma alternativa, caso não se feche a negociação. Por exemplo: caso o inquilino não feche o aluguel do apartamento pelo valor de R$ 2.000,00, ele deverá buscar, antes da negociação, outro apartamento que funcione como um plano B, no valor que pretende desembolsar.

Os negociadores devem fazer um mapeamento completo das melhores alternativas a adotar caso não cheguem a um acordo para conduzir seu processo decisório à mesa de negociação. O custo da ação de um eventual não acordo, mais conhecido como Maana (melhor alternativa à negociação de um acordo), é a alternativa mais apropriada para um acordo não negociado. Para Fischer, Ury e Patton (1991), quanto melhor for sua Maana, maior será o poder de barganha do negociador no processo de negociação. A Maana não é estática e, portanto, o negociador deve buscar melhorá-la constantemente. O resultado dessa etapa é buscar um acordo que seja melhor que a Maana. Para chegar a um resultado satisfatório é necessário desenvolver sua Maana e piorar a da outra parte de maneira legítima, sem prejudicar a negociação e o relacionamento entre as partes. O nível de independência da necessidade de oferta e demanda permite determinar o poder de barganha de cada negociador. Qual é o nível de dependência do seu serviço ou produto? A escassez se torna fonte de poder, da mesma forma que o pânico da falta pode criar um sentimento compulsivo de compra.

O poder de coalizão política permite reequilibrar a simetria de poder ou facilitar uma tomada de decisão em grupo quando existem divergências. Em negociações internacionais é comum ver países formarem uma coalizão dentro da OMC para criar regras comerciais internacionais. O poder de coalizão permite restabelecer o equilíbrio quando existe uma assimetria de poder entre as partes. Existem casos em que a maioria não basta. O *status* e a hierarquia permitem decidir quando existe indecisão dentro de um grupo (Susskind, Cruikshank e Duzert, 2008).

Outra fonte de poder consiste em constranger o outro a cooperar por meio de armadilhas psicológicas. A tática do princípio da reciprocidade consiste em dar um presente ao outro, deixando-o constrangido e forçando-o a dar um favor em troca. Outra tática de poder que facilita a persuasão é o uso de peritos, pessoas que são reconhecidas no mercado e pela opinião pública ou que impressionam pelas referências acadêmicas. Esses peritos podem validar a opinião do negociador com informações neutras e objetivas.

O poder da empatia se caracteriza como fonte de influência, com a adoção da sedução visual e/ou vocal, da eloquência, de familiaridades ou similaridades e de sistema de valor comum e identidades compartilhadas, por exemplo, religião, etnia, história, classe social. A construção do poder pela empatia consiste em criar um sentimento de adesão baseado na ideia de compartilhar um sonho, a confiança e o sentimento de considerar o outro do "bem" ou "legal".

Outra fonte de persuasão em uma negociação vem da imagem da autoridade e do respeito pelos objetos de poder, como títulos, cargos, roupas, automóveis, medalhas, sucesso na mídia e integração social. A tática do bom policial e do mau policial utiliza-se dessas características: o mau policial faz jogo duro e não faz concessões, enquanto que o bom policial busca negociar e aceita fazer concessões. Essa tática se apresenta da seguinte forma: um negociador apresenta certo item como sendo essencial para ele, mas de fato não o é, e mais tarde ele sacrifica essa condição em troca de uma grande concessão que o favoreça (Lempereur, Colson e Duzert, 2009). A negociação com o mau policial mostra-nos a abordagem ao outro de forma agressiva, rude, ameaçadora, enquanto que o bom policial aborda de maneira mais amigável. Um exemplo é quando o outro negociador afirma que adoraria satisfazer seu pedido, mas não tem autoridade suficiente para isso, pois a política da companhia o proíbe de fazê-lo (Lempereur, Colson e Duzert, 2009).

Concessões

As concessões permitem tornar as opções recíprocas e desbloquear impasses. Para entendermos o papel das concessões na dinâmica de uma negociação internacional, vamos considerar uma negociação entre uma empresa de aviação brasileira e um fabricante estrangeiro de aviões. Existem diversas opções a serem negociadas antes de os negociadores buscarem concessões recíprocas, como: crédito para pagamento do avião, opções de motor/reator, volume de poltronas para a empresa de aviação brasileira, um pacote de compra de vários aviões num mesmo contrato, opções de pagamento em diferentes moedas, opções de manutenção e de peças de reposição, opções de treinamentos de pilotos e mecânicos, prazos e condições de garantia, opções de preço do avião em função do volume. Uma vez colocadas na mesa todas as opções, os negociadores internacionais passam a fazer concessões recíprocas para aumentar a probabilidade de fechar o acordo. Assim, o negociador da empresa de aviação brasileira pode fazer uma concessão sobre as opções de garantias e prazos de pagamento; em reciprocidade, a fabricante estrangeira pode conceder um preço mais baixo no treinamento de pilotos, buscando assim chegar a um acordo.

Como se pode ver na figura 13, as concessões se tornam oportunidades para criar valor e chegar a um equilíbrio justo e ótimo. As concessões seriam um sacrifício se não houvesse reciprocidade.

Figura 13
CONCESSÕES

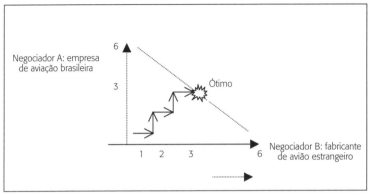

Fonte: Duzert, Spinola e Brandão (2010).

As concessões se referem ao que o negociador está disposto a oferecer em troca de uma contraoferta da outra parte. Quando temos muitas opções, significa que temos "algo" para trocar com o outro. As concessões, portanto, permitem facilitar a geração de acordos. Ao negociar de forma que o outro tenha a ganhar, fazemos aumentar as oportunidades de comprometimento e trocas. Por exemplo, em agosto de 2013, na busca de acordo de paz entre israelenses e palestinos, os israelenses fizeram uma concessão liberando 100 prisioneiros palestinos com o objetivo de criar um clima cooperativo no processo de resolução de conflitos entre os dois países.

Tão fundamental quanto estabelecer e trocar concessões de forma estratégica, na etapa de fechamento é importante conferir a conformidade jurídica do acordo, elemento que será abordado a seguir.

Conformidade jurídica e compromisso das partes

O último elemento trata da conformidade e é o embasamento legal necessário para a viabilização de um acordo. Trata da legitimidade dos contratos relativos à implementação dos acordos, observando-se as leis, a estabilidade dos órgãos reguladores, os responsáveis pela legislação sobre o assunto e o estabelecimento de um foro de discussão. Em comércio exterior, fala-se em *compliance*, que consiste em respeitar as leis nacionais ou internacionais. Por exemplo: uma empresa norte-americana em dificuldades financeiras no Brasil propôs a um funcionário a diminuição de seu salário em 20% para evitar demissões de outros funcionários. O funcionário aceitou o acordo, porém não havia conformidade jurídica com a lei brasileira.

Ao analisar a conformidade tanto dos contratos como de todo o ambiente negocial, verificamos que a negociação deve ser realizada visando à implementação e sustentabilidade dos acordos. As negociações realizadas em ambientes que apresentam baixo grau de conformidade têm poucas garantias de comprometimento entre as partes, e, geralmente, estas incorrerão em custos significativos relativos aos riscos assumidos. Portanto, o resultado bem-sucedido de uma negociação depende da validação legal do acordo e de suas ações específicas em consultas à legislação e a advogados especialistas para verificar a legalidade e as implicações das iniciativas assumidas ao longo do processo.

Fischer, Ury e Patton (1991) apontam o compromisso como elemento fundamental para a execução de um acordo. Eles dizem que, ao final da negociação, as partes devem se comprometer a cumprir o acordo negociado. Referem-se aos acordos e aos planos de ação que dizem respeito ao que as partes efetivamente farão. Para que a negociação seja considerada um sucesso, os compromissos assumidos têm de ser claros, bem-planejados e de longa duração. Somente com uma noção clara de quais compromissos são desejáveis enquanto produto final de uma negociação é que os negociadores podem ser proativos e alcançar seus propósitos.

Um acordo que funcione deve tratar não somente dos termos e condições acordados, mas também engendrar um processo para controlar a qualidade e gerenciar possíveis questões ou problemas que venham a surgir.

A cultura também tem um importante efeito na conclusão dos acordos negociados. Nos Estados Unidos, os acordos são tipicamente embasados na lógica e frequentemente formalizados e aplicados por meio do sistema legal. Entretanto, em outras culturas, obter o negócio pode estar mais vinculado a quem você é, por exemplo, a que família pertence, suas conexões políticas, o que você pode fazer. Além disso, os acordos não significam a mesma coisa nas diversas culturas. Os chineses geralmente usam memorandos de acordo para formalizar um relacionamento e sinalizar o início das negociações. No entanto, os norte-americanos frequentemente interpretam o mesmo memorando de acordo como a conclusão da negociação executável por lei.

Atitudes relativas à importância da documentação escrita também variam amplamente. Enquanto muitas culturas esperam assinar um contrato escrito ao final da negociação, em outras, registros escritos são assinados no início do processo, por exemplo, após a proposta inicial ter sido feita no estágio de barganha.

Em algumas culturas, um acordo verbal tem um peso forte e um contrato apenas ratifica o que foi acordado verbalmente. Em outras, um acordo verbal pode ser modificado da noite para o dia e nada é certo até que um contrato seja assinado. Nas culturas em que se enfatiza bastante a importância dos documentos escritos, os negociadores tendem a buscar muito o apoio de especialistas legais e jurídicos ao longo da negociação. Isso é típico dos negociadores norte-americanos.

O negociador internacional, portanto, deverá se preparar de forma sistêmica e sistemática, avaliando os principais elementos da negociação e monitorando as mudanças e os impactos desses elementos ao longo do processo de negociação. Mesmo se preparando de forma cuidadosa, o negociador enfrentará inúmeros desafios para a elaboração e implementação do acordo negociado, desafios estes que serão descritos no capítulo a seguir.

7

Barreiras e desafios na execução de um acordo internacional

Em qualquer negociação, o negociador irá lidar com diversos desafios que podem emperrar o processo e até mesmo inviabilizar a execução do acordo. No âmbito internacional, as negociações são conduzidas em cenários nos quais uma multiplicidade de fatores coexistem, e, portanto, a probabilidade de as partes não chegarem a um acordo satisfatório sustentável aumenta consideravelmente. Neste capítulo, serão descritas as principais barreiras e obstáculos que um negociador encontra na elaboração, execução e sustentação de um acordo internacional.

Salacuse (2003) descreve sete potenciais obstáculos com os quais o negociador global poderá se deparar na condução de uma negociação internacional e que podem impactar a sustentabilidade de um acordo, a saber: o ambiente da negociação; os aspectos culturais intervenientes na dinâmica e no processo da negociação; as crenças e ideologias dos negociadores; os diferentes modelos de governança e estruturas organizacionais; o sistema legal e o papel do governo no mundo dos negócios; a diversidade de sistemas financeiros e monetários; e as possíveis mudanças abruptas no cenário negocial, decorrentes da instabilidade econômica, social e política. A seguir abordaremos cada um desses obstáculos.

O ambiente da negociação

As negociações internacionais ocorrem nos mais diversos cenários, que, segundo Salacuse (2003), sofrem a interveniência de quatro elementos: local, horário, ambiente e pessoas. Para o autor, estes elementos têm um impacto direto na condução do processo negocial e influenciam o comportamento do negociador. Mesmo o negociador mais experiente poderá reagir negativamente às pressões e restrições impostas por um cenário desconhecido. Assim, ao se preparar para uma negociação na frente internacional, o negociador irá se deparar com uma série de perguntas e escolhas a serem feitas, relacionadas a esses quatro elementos.

No que tange ao ambiente negocial, a primeira decisão que os negociadores devem tomar se refere ao país e ao local no qual a negociação deverá ser conduzida, pois essa escolha irá afetar o tempo do processo de negociação, os investimentos necessários para sua condução e, em última instância, seu desfecho.

Existem três possibilidades a serem consideradas: negociar em seu próprio país, no país da contraparte ou, ainda, em um terceiro local neutro e desvinculado do país de origem dos negociadores. Cada uma dessas possibilidades tem suas vantagens e desvantagens. Ao negociar em sua cidade ou país de origem, o negociador tem a vantagem de estar familiarizado com os sistemas sociais, políticos, econômicos e legais locais, e corre menor risco de sofrer os impactos do choque cultural decorrente da necessidade de lidar com procedimentos, roupas, comidas, rituais de socialização, entre outros fatores estranhos a ele. Ao negociar em "casa" terá, portanto, maior controle sobre o ambiente negocial, podendo manipulá-lo a seu favor, caso queira, além de poder dar demonstrações de hospitalidade. Outras vantagens se referem às despesas de viagem que não são incorridas, diminuindo assim os investimentos necessários ao "projeto negocial", bem como o rápido acesso a pareceres de especialistas e decisores da organização envolvidos no processo. Além disso, estar próximo de casa e dos familiares pode ajudar a minimizar as pressões adversas impostas pelo tempo, pelos custos e esforços adaptativos necessários ao se negociar em outro país ou em um local desconhecido.

Por outro lado, ao negociar no país de sua contraparte, o negociador poderá ter uma excelente oportunidade de aprender sobre os costumes locais e os diversos fatores culturais, sociais, econômicos, políticos e de negócios da cidade e do país. É importante ressaltar que a capacidade adaptativa de um negociador está fortemente relacionada à sua capacidade de aprendizagem. De acordo com diversos estudos, "o choque cultural não significa uma desordem psicológica, mas é decorrente da falta da habilidade de aprendizagem necessária para lidar com ambientes novos e diferentes" (Furham e Bochner, 1986:81). Salacuse (2003) afirma que, caso a negociação seja realizada no país da outra parte, é fundamental que o negociador viaje alguns dias antes de começarem as reuniões negociais, para que possa se familiarizar com o ambiente no qual a negociação está inserida e, dessa forma, minimizar o impacto de um choque cultural. Outro ponto importante a ser considerado é que o processo decisório da outra parte poderá ser mais ágil quando estiver negociando em seu próprio país, uma vez que o negociador terá contato direto com os decisores dentro de sua organização e com autoridades governamentais locais que podem vir a influenciar o desenvolvimento e execução do acordo.

Em negociações internacionais de maior complexidade e que podem demandar um longo tempo para que um acordo seja consolidado, Salacuse (2003) sugere que as reuniões negociais sejam realizadas alternadamente nos países de origem dos negociadores. Também menciona que, caso haja um grande nível de conflito entre as partes, pode ser recomendado realizar as reuniões negociais em um terceiro país, um território que seja neutro para ambos.

Ainda há a possibilidade de conduzir a negociação utilizando-se meios virtuais, como vídeo e teleconferência, telefone, Skype, e-mail e outras ferramentas de trabalho colaborativas. Na dimensão internacional, o uso de meios virtuais para conduzir negociações torna-se cada vez mais comum. No entanto, a escolha e aceitação de tais ferramentas virtuais irão depender de diversos fatores, como o nível de evolução tecnológica dos países de origem dos negociadores, a importância dada aos componentes emocionais e subjetivos intervenientes no processo decisório e o fato de o processo negocial ser essencialmente sustentado pela qualidade do relacionamento interpessoal entre os negociadores. Nesse caso, recomenda-se que sejam realizadas reuniões presenciais, usando-se meios virtuais para o registro e compartilhamento dos elementos discutidos e acordados nas reuniões.

Ao utilizar ferramentas virtuais de negociação, o negociador internacional poderá se deparar com alguns desafios relativos à comunicação, ao entendimento dos reais interesses e motivações das partes e à forma de criar confiança e construir credibilidade para apoiar os processos decisórios. Salacuse (2003) não recomenda o uso intensivo de meios virtuais quando os encontros presenciais são importantes para criar uma base de confiança entre os negociadores, como ocorre na maioria das culturas asiáticas, e quando há necessidade de mapear os reais objetivos e interesses das partes no curto, médio e longo prazos. O autor recomenda que os meios virtuais sejam usados em negociações que envolvem transações simples, quando os negociadores já se conhecem e em situações nas quais conseguem obter informações suficientes para chegar a um acordo sustentável sem a necessidade de conduzir reuniões presencialmente em visitas à cidade e ao país de origem das partes. Verifica-se, portanto, que a decisão sobre onde e como a negociação deverá ser conduzida demanda dos negociadores uma análise profunda dos cenários e ambientes negociais.

Outro elemento que influencia a dinâmica, o desenvolvimento e a sustentabilidade de um acordo internacional se refere ao tempo, como este é usado, os horários de expediente e, por consequência, os dias e horários nos quais as reuniões ocorrerão. Na preparação de uma negociação internacional, é fundamental averiguar o calendário de feriados e eventos culturais locais e nacionais. Por exemplo, na Itália e na França, o mês de agosto é um período de férias na maioria dos setores de negócios. Caso a reunião negocial esteja agendada próxima a um feriado nacional, o negociador visitante poderá se surpreender com a ausência ou falta de disponibilidade e interesse da outra parte, especialmente em se tratando de um feriado religioso. Uma recomendação é jamais marcar uma reunião na sexta-feira véspera do Carnaval no Brasil. Salacuse (2003) nos alerta que, no mundo islâmico, assim como em várias partes da Ásia, os feriados são determinados pelos movimentos lunares, podendo, portanto, ocorrer em dias diferentes.

O fuso horário local e o do país de origem do negociador também podem influenciar os horários marcados para conduzir as reuniões negociais, demandando do negociador um esforço adaptativo maior. Um negociador nos Estados Unidos, negociando com sua contraparte no Japão, deverá contabilizar uma diferença de aproximadamente 12 horas nos horários de expediente. Caso o negociador internacional viaje para um país no qual haja uma grande diferença no fuso horário, recomenda-se que chegue com pelo menos um dia de antecedência à cidade, para que possa se ambientar e evitar negociar sob a influência do tão conhecido quadro de *jet lag*, pois este poderá comprometer seu desempenho devido ao cansaço excessivo.

Além disso, é preciso considerar que países diferentes têm cargas horárias semanais de trabalho diferentes. Por exemplo: na França, a carga semanal é de 35 horas; no Brasil, 40, e em alguns países orientais, sexta-feira é dia de descanso, diferentemente da maioria dos países ocidentais, nos quais o sábado e o domingo são os dias de repouso.

Há também consideráveis diferenças culturais sobre como o tempo é usado no ambiente de trabalho. No mundo islâmico, por exemplo, são realizadas pausas para orações. Em países de cultura policrônica, como o Brasil, a pontualidade às reuniões não é usual e os negociadores podem esperar constantes interrupções para tratar de assuntos não relacionados diretamente à negociação. A falta de pontualidade pode gerar grande irritação em negociadores de países monocrônicos, como Alemanha, Japão, Suíça, Inglaterra e Estados Unidos, nos quais as reuniões têm horários rígidos de início e término, e as discussões dos itens negociais seguem uma pauta anteriormente planejada pelas partes, com tempos específicos rigidamente alocados para a discussão de cada item.

Verifica-se, portanto, que um negociador que atua na esfera internacional pode esperar uma grande diversidade de atitudes e comportamentos com relação ao tempo, de acordo com o país no qual a negociação se realizará. Assim, torna-se fundamental, ainda na preparação para a negociação, entender o conceito do tempo nas diferentes culturas e a influência dos costumes locais que poderão vir a afetar os modelos e abordagens de negociação adotados pelos negociadores em seus países e regiões de origem.

Aspectos culturais

Conforme mencionado, o processo de negociação é uma interação de percepções, processamento de informação, imagens da realidade, *background* cultural e interpretações das questões táticas e estratégicas. Sabemos que, hoje em dia, as negociações com outras culturas são cada vez mais frequentes, e, nessas negociações internacionais, a influência cultural tem um grande impacto sobre a visão e as atitudes do negociador. A reação das pessoas a determinado estilo de negociação dependerá da perspectiva cultural por meio da qual interpretam a situação. Então, ao buscar um conhecimento produtivo sobre os traços culturais das nacionalidades com as quais negociamos, estaremos reduzindo a probabilidade de um choque cultural, possibilitando o surgimento de *insights* e viabilizando uma interação frutífera. Saber como lidar com as diferenças culturais é a chave das negociações internacionais. Além disso, negligenciar os aspectos culturais pode acarretar problemas na comunicação e dificuldades no relacionamento entre as partes.

A consciência da diversidade cultural é fundamental, pois pessoas de diferentes culturas compartilham alguns conceitos básicos, mas enxergam os negócios por diferentes ângulos e perspectivas, os quais as levam a agir de determinada maneira, que, do nosso ponto de vista, pode até parecer irracional. À medida que as negociações internacionais se intensificam, vemos um esforço crescente dos negociadores internacionais, de empresas multinacionais e de todos os governos para aprender não só os idiomas estrangeiros, mas também mostrar empatia no entendimento dos costumes, das sociedades e culturas alheias.

Assim, a cultura do negociador e a forma como se relaciona com outras culturas são importantes indicadores de como ocorrerá o processo de negociação e de como as estratégias de negociação influenciarão os resultados nas diferentes culturas.

Dessa forma, se o negociador não atentar para as influências culturais intervenientes nas negociações internacionais, estas podem produzir resultados piores do que as negociações que ocorrem dentro de uma mesma cultura. O que os negociadores precisam fazer é aplicar o processo que proporciona melhor interação com a cultura com a qual estão negociando.

Ideologias e crenças dos negociadores

Parte do comportamento público das pessoas em todo o mundo tem origem nas suas culturas nacional, regional e familiar. As pessoas de determinado país são educadas para adotar certas crenças, conceitos e valores, e muitos destes, tais como obrigação, justiça, amor, honra, vingança, hierarquia, autoridade e poder, são compartilhados por outras culturas. Entretanto, cada cultura tem noções diferentes sobre esses conceitos. Essas noções nascem do caleidoscópio cultural que abarca as características e valores nacionais, sociais, educacionais, a linguagem e outros componentes, e definem as ideologias que influenciam e determinam o comportamento dos indivíduos. Conforme Salacuse (2003), as ideologias determinam o que é certo e errado, direcionam as pessoas para determinados objetivos e inspiram mudanças sociais.

De acordo com esse autor, ideologias diferentes no que tange à política ou à religião podem se transformar em barreiras à negociação de acordos internacionais, e, por isso, o negociador deve contemplar tais diferenças, mas evitar discuti-las à mesa de negociação.

São vários os fatores que influenciam uma ideologia: elementos geográficos, demográficos, culturais, a história do país, os recursos de que dispõe, entre outros (Salacuse, 2003). Socialismo, capitalismo, comunismo, nacionalismo, autoritarismo, ética, individualismo, coletivismo e fundamentalismo religioso são manifestações ideológicas que irão exercer forte influência nos processos decisórios, na condução do processo da negociação e na natureza dos acordos. Nos Estados Unidos há um forte direcionamento ideológico para o capitalismo, em que ganhos individuais e o direito de acesso a bens e lucro no curto prazo são privilegiados pelos indivíduos. Negociadores de países com uma história de dominação e colonização por parte de outros países podem enfatizar interesses nacionalistas na condução de suas negociações.

Diferenças ideológicas certamente irão moldar os interesses das partes em uma negociação e, considerando que têm características inerentemente de confronto, podem criar equívocos na comunicação entre os negociadores e fazer com que estes firmem posições inflexíveis. Essas diferenças podem não se manifestar diretamente à mesa de negociação, mas surgir posteriormente como obstáculos na execução do acordo negociado, retardando sua implementação. Portanto, recomenda-se ao negociador internacional que identifique e conheça bem os impactos que diferentes crenças e ideologias podem ter sobre o processo de uma negociação e a implementação e sustentabilidade do acordo internacional. De acordo com Salacuse (2003), em qualquer negociação, o negociador deve analisar os aspectos ideológicos da outra parte em três níveis diferentes: o nível pessoal, o organizacional e o nacional, verificando de que formas essas ideologias podem atuar como fatores restritivos à elaboração do acordo ou facilitadores dessa elaboração. Deve-se evitar entrar em discussões ideológicas e focar a negociação nos interesses das partes, usando criatividade para compor um acordo que respeite as diferenças ideológicas e permita que o processo seja conduzido de forma a viabilizar a execução do acordo negociado.

Estruturas organizacionais e modelos de governança

Embora o resultado obtido em uma única negociação dentro da organização não exerça grande influência sobre seu destino, não devemos esquecer que as dezenas de acordos que ocorrem diariamente nas várias mesas de negociação podem, conjuntamente, gerar um impacto significativo na estratégia empresarial e em seus resultados financeiros e não financeiros. Mesmo assim, muitas empresas e negociadores veem cada negociação realizada no âmbito da organização como um evento isolado, com táticas, estratégias, objetivos e indicadores de sucesso situacionais próprios aos seus interesses profissionais e departamentais.

Salacuse (2003) afirma que, apesar de a negociação ser uma atividade conduzida essencialmente em nível individual, sendo, portanto, afetada pelo perfil, pelas competências e pela experiência dos negociadores, é também uma atividade burocrática, fortemente influenciada pelo cenário ambiental, pela natureza hierárquica e pelos modelos de governança das organizações envolvidas.

Para viabilizar a implementação de um acordo, a negociação deve ser considerada um processo sistêmico e sistemático, cujos resultados devem estar alinhados aos interesses e estratégias organizacionais em seus níveis operacional, administrativo e estratégico. Portanto, o cenário negocial irá envolver sempre três dimensões separadas, porém fortemente inter-relacionadas. A primeira dimensão refere-se à tática operacional. Nela, os negociadores têm uma interação direta, seja presencial ou virtual. A segunda é a dimensão operacional administrativa, e envolve as negociações de bastidores que devem ocorrer com as áreas internas das organizações implicadas direta ou indiretamente no processo decisório, na viabilização e na sustentabilidade do acordo. A terceira dimensão trata da questão estratégica e envolve os acionistas das empresas, os órgãos reguladores e as agências governamentais, que podem ter um interesse direto ou indireto nos resultados da negociação. Na esfera internacional, os interesses e objetivos das partes envolvidas nessas três dimensões devem ser identificados, analisados e alinhados, para garantir a viabilidade e a sustentabilidade do acordo, gerando uma complexidade bem maior do que em negociações regionais e nacionais.

Nesse cenário tridimensional, o negociador internacional precisa identificar a quem as partes devem se reportar, a quem precisarão prestar contas e apresentar os resultados da negociação: se no nível individual, para os acionistas da organização, ou se no nível coletivo, para os grupos de interesse (os *stakeholders*). Isso pode demandar que ele tenha de negociar simultaneamente ou sequencialmente com vários tipos e instâncias organizacionais, como agências governamentais ou ministérios, representantes de um conglomerado de empresas, gestores de uma empresa familiar ou negociadores pertencentes a outros tipos de arquiteturas organizacionais, como sindicatos, associações comerciais ou organizações não governamentais. Assim, o negociador poderá se deparar com uma multiplicidade de modelos de governança corporativa e procedimentos burocráticos, que irão influenciar o modo de conduzir o processo negocial e o tempo para sua conclusão e execução.

Com base no conhecimento dos modelos de governança e estruturas hierárquicas das organizações envolvidas no processo, ainda na preparação da negociação o negociador deverá estabelecer a estratégia de aproximação com cada parte, identificar quem são os decisores, influenciadores, opositores e apoiadores existentes nas várias dimensões do cenário negocial e identificar eventuais conflitos de ordem burocrática, social, econômica ou política entre essas instâncias, especialmente se estiver tratando com agências governamentais.

Como parte das ações de planejamento, Salacuse (2003) nos oferece um roteiro de questões básicas a serem respondidas ainda na preparação para uma negociação internacional, a saber: se as organizações com as quais se deve negociar foram corretamente identificadas; se essas organizações têm condições de viabilizar o acordo; quais agências governamentais deverão cooperar com as empresas que estão negociando para executar o que foi acordado; qual o tipo de relacionamento existente entre as empresas e as agências governamentais locais e que fatores podem influenciar a elaboração do acordo; que modelos de governança são adotados por essas empresas e agências governamentais e como isso influencia o tempo e a condução de seus processos decisórios; e que canais de comunicação diretos ou indiretos devem ser utilizados no acesso às partes constituintes dessas organizações.

A análise desses elementos irá influenciar o tamanho das equipes negociais, e sua composição poderá refletir a natureza dos modelos de governança, procedimentos burocráticos, o nível de autonomia e autoridade dos negociadores e os modelos dos processos decisórios adotados pelas empresas. É fundamental identificar quem são os líderes e decisores das equipes negociais, seu lastro decisório e as influências que podem exercer na dinâmica da negociação.

É bastante comum em negociações com equipes chinesas que o líder da equipe negocial tenha pouca autoridade para tomar decisões à mesa, e que a pessoa com capacidade de decidir tenha uma atuação pouco expressiva durante a negociação, atuando mais como um observador passivo daquilo que acontece. Isso se contrapõe à dinâmica apresentada por negociadores norte-americanos, na qual o líder geralmente vai à mesa com maior lastro e poder de decisão. Organizações estatais de países com sistemas políticos autoritários podem enviar negociadores que tenham fortes conexões políticas, e não conhecimento técnico ou gerencial. No Japão, no entanto, negociadores com maior senioridade devido à sua longa experiência de gestão na organização podem atuar como elementos de grande influência no processo decisório à mesa de negociação. É importante ressaltar também que em negociações internacionais geralmente lidamos com prazos de desenvolvimento e execução mais longos, e é fundamental, portanto, avaliar os impactos de possíveis mudanças na constituição das equipes negociais para a sustentabilidade do acordo.

O sistema legal e o papel do governo no mundo dos negócios

Assim com acontece com os elementos culturais, os sistemas políticos e legais dos países diferem e exercem forte influência na condução de uma negociação. Nas negociações internacionais, o negociador irá lidar com uma grande variedade de elementos referentes aos sistemas políticos e legais dos países, regiões, estados e municípios nos quais a negociação será conduzida. Salacuse (2003) destaca três principais problemas que o negociador poderá encontrar: a falta de conhecimento acerca desses sistemas, a soberania das leis locais na condução e efetivação do acordo internacional e a eventual discriminação ou desfavorecimento que uma empresa pode sofrer por ser estrangeira.

Nesse cenário, é fundamental entender o papel dos governos, as influências de suas agências regulatórias e seus interesses manifestos e ocultos na realização da transação comercial no curto, médio e longo prazos. Obter informações acerca das políticas econômicas e estratégicas e dos planos de desenvolvimento locais pode auxiliar o negociador a avaliar esses elementos. Uma vez identificados os interesses que o governo pode ter ou não na realização da negociação, será necessário decidir se, como e em que momento envolver agentes do governo no processo decisório da negociação e definir claramente qual o papel que esses agentes têm na condução, desenvolvimento, fechamento e implementação do acordo internacional. Outro ponto a considerar nas negociações com organizações públicas é se elas se encontram amarradas por regulamentações rígidas e modalidades contratuais específicas, o que pode afetar a natureza das propostas comerciais levadas à mesa de negociação. É fundamental, ainda, avaliar qual o tipo e grau de imunidade que tais organizações podem ter no caso de não cumprimento dos acordos e eventuais disputas judiciais.

Conforme Salacuse (2003:154) lembra, as partes em uma negociação internacional "vêm de diferentes tradições legais e, portanto, os conceitos legais, técnicas, categorias que as partes utilizam para interpretar um problema negocial podem ser bastante distintos". Conceitos como "propriedade", "companhia", "contrato" e "dívida" podem ter significados diferentes de acordo com os sistemas legais nos quais a negociação se encontra inserida. O autor provê alguns procedimentos básicos a serem seguidos na condução de uma negociação internacional. Primeiro, é preciso identificar as legislações e leis específicas a serem cumpridas caso a empresa deseje realizar negócios no país em questão, os impactos dessas leis no processo negocial e o tipo de acordo a ser realizado. É também fundamental não pressupor que o sistema legal da outra parte seja parecido com o de seu país de origem e que todas as partes tenham o mesmo entendimento sobre os diversos aspectos negociais. Clarificar o significado de conceitos legais usando exemplos práticos pode ser uma boa prática para esclarecer diferenças conceituais. Por fim, Salacuse (2003) sugere engajar um especialista em assuntos legais do país no qual irá se desenvolver a transação comercial, especialmente quando dois ou mais sistemas legais devem ser contemplados no acordo.

Os sistemas financeiros e monetários

Conforme menciona Salacuse (2003:167), "as transações internacionais ocorrem numa arena composta de muitos sistemas financeiros e monetários diferentes". O uso de diferentes moedas pode trazer desafios à sustentabilidade de uma negociação internacional. A escolha da moeda em que a transação deverá se concretizar pode trazer maior ou menor risco para as partes, uma vez que o valor de uma moeda pode sofrer flutuações consideráveis de acordo com aspectos econômicos, políticos e sociais ao longo do processo de condução e implementação do acordo negocial. Quanto mais longo é o período durante o qual a transação comercial deverá ser sustentada, maior o risco de as receitas e lucros auferidos estarem sujeitos a flutuações cambiais. Esse risco está inerentemente associado a qualquer transação internacional, e Salacuse (2003) sugere três linhas de ação para o negociador: tentar repassar o risco integralmente para a outra parte; aceitar assumir o risco mediante a adoção de medidas contratuais que protejam a empresa contra os impactos de flutuações adversas aos resultados financeiros da transação; ou compartilhar o risco entre as partes envolvidas na negociação, de forma que partes diferentes da transação comercial sejam pagas nas diferentes moedas de origem dos países-sede dos negociadores.

Outro ponto importante, segundo o autor, refere-se ao grau de flexibilidade existente para movimentar recursos financeiros de um país para outro, o que pode tornar-se um processo complexo quando vários sistemas monetários devem ser contemplados. Por motivos políticos e econômicos, muitos governos impõem restrições à conversão e movimentação de moedas de um país para outro. Usam seu poder para determinar taxas de câmbio para suas moedas e restringem o acesso ao mercado de câmbio. Por meio de complexos sistemas regulatórios, podem regular a entrada de moeda estrangeira, sua aquisição e a repatriação de proventos advindos de investimentos realizados em determinados negócios (Salacuse, 2003). Assim, no planejamento e na preparação da negociação, as partes deverão avaliar a possibilidade de converter e transferir recursos financeiros entre os países envolvidos na transação e determinar de que maneiras poderão efetuar pagamentos e cumprir suas obrigações financeiras.

Mudanças no cenário negocial e a sustentabilidade do acordo internacional

O último obstáculo à condução de uma negociação internacional descrito por Salacuse (2003) trata das mudanças abruptas no cenário negocial. Segundo o autor, na dimensão internacional, diversos fatores aumentam o risco de insustentabilidade em um acordo: instabilidade econômica, social e política gerada por guerras, desastres naturais, flutuações cambiais, mudanças em políticas nacionais e internacionais e substituição das lideranças nas esferas governamentais.

Outro item a ser avaliado no que tange à sustentabilidade de um acordo refere-se aos prós e contras de fazer cumprir um acordo na arena internacional, o que pode ser muito mais demorado e custoso do que quando se negocia no cenário doméstico. A decisão das partes quanto ao cumprimento ou não cumprimento de um acordo dependerá da avaliação que fizerem dos benefícios econômicos, políticos e sociais decorrentes da transação comercial à época, e das vantagens ou desvantagens de se engajarem em um litígio comercial.

É também importante lembrar que, em países com regimes autoritários e comunistas, o governo tem forte ingerência no mundo dos negócios, e que seu interesse em apoiar uma transação comercial internacional pode estar condicionado ao cenário econômico, social e político vigente. Por fim, Salacuse (2003) afirma que uma das características de um contrato é sua própria natureza de instabilidade. Na esfera internacional, essa característica se acentua, pois por mais bem-planejada que tenha sido a negociação, dificilmente um contrato contemplará todas as mudanças que podem ocorrer ao longo da implementação do acordo. O autor enfatiza que todo contrato é temporário e que a noção de estabilidade contratual é um preceito falso. Ele fornece algumas recomendações para lidar com o risco de não cumprimento de um contrato, a saber: o negociador deve levar em consideração os riscos de mudanças inerentes ao cenário negocial em suas estratégias de preparação, prever quais podem ser os impactos dessas mudanças e estabelecer cláusulas contratuais de renegociação do contrato que garantam o comprometimento das partes em sua execução.

É relevante enfatizar que, mesmo que as partes tenham um contrato detalhado sobre como proceder em casos de mudanças abruptas que possam vir a impactar a sustentabilidade do acordo, um bom relacionamento é a melhor ferramenta que o negociador pode ter em seu repertório negocial para administrar os conflitos que possam eventualmente surgir na execução de um contrato internacional.

Complementando as orientações dadas para enfrentar os principais desafios à elaboração e sustentabilidade de um acordo negocial, no capítulo a seguir serão descritas mais diretrizes para que você obtenha sucesso em suas negociações internacionais.

8

Diretrizes para uma negociação internacional de sucesso

Este capítulo explora as principais diretrizes para se obter sucesso nas negociações internacionais. Vivemos considerando um ambiente global de mudanças rápidas. Atuar com êxito num cenário cada vez mais competitivo e veloz implica a necessidade de percepção imediata de tais câmbios no sentido de antecipar tendências e redirecionar posições. Entender esse diferencial é o começo do desenvolvimento de uma postura vencedora em busca de se tornar um verdadeiro talento na condução de negociações internacionais num crescente e competitivo cenário cada vez mais inovador, desafiante e globalizado.

Quando atuamos em zonas de conforto, relacionando-nos por meio de um único idioma, já enfrentamos várias diferenças comportamentais e culturais. Considerando então o cenário global, quão mais desafiador ou complexo poderia ser? Sem dúvida, tais desafios passam por novas formas de pensamentos, questionamentos sobre como ampliar nossas potencialidades e como interagir mais eficientemente com perfis globais que se misturam com uma naturalidade jamais vista anteriormente.

O que é uma negociação bem-sucedida?

O sucesso de uma negociação pode ser medido de diversas formas. Na forma de substância, uma negociação pode ser avaliada como bem-sucedida quando resulta em um acordo mutuamente benéfico, a um custo menor do que uma alternativa existente fora da mesa de negociação, e quando este acordo é, de fato, implementado.

Na forma de processo, uma negociação de sucesso é aquela na qual o acordo realizado é justo e eficaz em termos de tempo e dinheiro para todos os que têm um interesse no resultado, é consistente com os regulamentos e não estabelece precedentes limitantes para terceiras partes.

Na forma do relacionamento, uma negociação bem-sucedida é aquela na qual as partes mantêm relações civilizadas, respeito mútuo e reconhecimento, e que melhora a capacidade dos envolvidos de resolver problemas conjuntamente.

Classificar uma negociação como bem-sucedida significa encontrar um resultado satisfatório, o que imediatamente inclui identificar em seu processo aspectos que podem afetar positivamente o relacionamento entre os negociadores. É como obter um *feedback* automático e, no mínimo, adequado para as partes, refletindo-se na maneira como se sentem e percebem a si mesmos. Tais aspectos são relacionados ao resultado como monetários e econômicos. Outras vezes, manter o relacionamento social será tão ou mais importante quanto o resultado imediato da negociação. Implica dizer que a forma e o resultado obtidos do comportamento mais apropriado não somente ajudarão no processo de negociação como também serão frutos das características específicas de personalidade apresentadas pelas partes, segundo as diferenças culturais dos lados. Daí a importância do preparo e da conexão positiva envolvendo ambas as partes. Seja no ambiente doméstico ou no cenário global, negociadores hábeis e efetivos estão capacitados para controlar a negociação, principalmente por oferecerem à outra parte muitas opções que poderão satisfazer suas necessidades, e comprometidos com o alcance de resultados mutuamente benéficos. Alguns atributos pessoais potencializam os resultados de um gestor internacional no processo de negociação, especialmente quando resgatados de experiências passadas e trazidos para o contexto atual, permitindo o desenvolvimento de características que facilitam as negociações.

Dicas práticas para uma negociação internacional eficaz

Conforme descrito, geralmente um processo de negociação, seja doméstico ou internacional, é composto por quatro fases: preparação e planejamento; criação de valor; distribuição de valor e, finalmente, conclusão, implementação e registro. Todas as fases são importantes, entretanto especial tempo e dedicação despendidos nas primeiras etapas indicam maior efetividade de sucesso. É possível que um adequado planejamento e preparação efetiva influenciem substancialmente no resultado buscado.

O tópico seguinte procura justamente reforçar aspectos relevantes a serem considerados nas primeiras fases do processo de negociação.

Cuidados ainda na fase da preparação e planejamento

Para obter sucesso na negociação, é fundamental, ainda na fase de preparação e planejamento:

❏ *focar em benefícios mútuos* – lembre-se de que uma negociação deve ser direcionada para benefícios mútuos e não unilaterais. Prepare objetivos realistas e uma estratégia bem-definida de concessões e posições de retirada, visando alcançar seus objetivos;

- *desenvolver uma agenda ou pauta negocial* – estruture a negociação para que lhe assegure o máximo de benefícios. Consulte a outra parte. Negócios com mercados internacionais exigem especial cuidado, tendo em vista distâncias geográficas e logísticas externas;
- *definir as regras básicas* – identifique as necessidades da outra parte. Descubra o quanto puder sobre a cultura de negócios do outro. Qual o nível de formalidade esperado? Onde serão e quanto tempo as negociações poderão durar? Quais os limites possíveis da zona de possível acordo? Você consegue identificar questões valorizadas nas preliminares e fase de socialização?;
- *praticar e exercitar questões-chave* – ensaie as frases-chave que irão ajudá-lo a estruturar, fazer propostas, clarificar, questionar, barganhar, ganhar tempo, pressionar e fechar a negociação;
- *estabelecer papéis* – identifique claramente as funções a serem desempenhadas pelos membros de sua equipe de negociação e coordene as táticas a serem utilizadas. Estruture e antecipe a situação geral com colegas, visando identificar problemas e dificuldades;
- *identificar os interesses das partes* – antecipe igualmente seus possíveis pontos fracos e fortes. Faça o mesmo acerca da outra parte;
- *desenvolver sua Maana (melhor alternativa à negociação de um acordo)* – você deve considerar várias alternativas, desenvolver algumas e escolher uma delas para não atrapalhar e confundir o processo;
- *definir resultados esperados* – tenha em mente os resultados almejados, os objetivos e estratégias para atender a seus interesses;
- *estabelecer critérios de abordagem* – qual a melhor abordagem e estilo de negociação, de acordo com as circunstâncias?

Cuidados durante o processo de negociação internacional

As seguintes ações devem ser consideradas em qualquer negociação internacional:

- estabelecer um clima emocional positivo tão logo possível;
- buscar um ambiente e uma abordagem colaborativos;
- comunicar de forma simples e inteligível – lembre-se de que clareza de expressão é valorizada. Saiba identificar e reconhecer diferentes estilos culturais internacionais, sendo tolerante, por exemplo, com o estilo direto de um negociador norte-americano. Perceba as distinções entre pessoas de setores públicos e privados;
- atender a estrutura (agenda) da negociação – mantenha um clima de cooperação e busque o combinado anteriormente sobre os procedimentos, horários, tópicos e quantidade de pessoas;
- reforçar o escopo e os objetivos – lembrar o combinado de cada sessão de negociação evitará que expectativas pouco realistas sejam criadas;
- ser assertivo – caso algo não lhe seja claro, diga à outra parte que não compreendeu e solicite esclarecimentos;
- usar técnicas de repetição e revisão – é fundamental checar sua compreensão acerca da posição da contraparte ou para ganhar tempo para pensar;
- adaptar a linguagem – ser polido sempre ajuda e evita impressões de arrogância ou insensibilidade, especialmente quando estiver solicitando informação ou colocando sua proposta. Por exemplo, diga: "Posso lhe perguntar quanto custa o...?" em lugar de "Quanto custa...?", ou "Estamos prevendo a necessidade de..." em lugar de "Queremos...";
- evitar negativas diretas – não diga "Não" a uma proposta ou ideia. Apresente um contra-argumento ou identifique os aspectos positivos da proposta da outra parte antes de decliná-la;

- usar expressões positivas e assertivas – evite expressões definitivas como "impossível", e, sendo necessário, troque por "será problemático...". Mais importante é ser assertivo e praticar o que prega. Diga o que pode e o que não pode fazer;
- valorizar a pessoa e não o problema – diga sim à pessoa caso você tenha de dizer não à ideia;
- enfatizar os interesses comuns – incentive o diálogo positivo e a comunicação eficaz. Reduza atritos, focando nas buscas mútuas e tratando seus interlocutores com espírito de colaboração;
- focar na solução – ver o processo de negociação como um procedimento de consulta constante e como as questões são apresentadas, justificadas e discutidas, buscando a resolução de problemas entre as partes.

O que enfatizar na negociação internacional:

- esclarecimento, ratificação e confirmação dos interesses e posições das partes;
- foco nos interesses envolvidos e não nas posições laterais;
- busca da identificação dos interesses subjacentes às posições.

O que não enfatizar na negociação internacional:

- verbalizações e pressuposições sobre os interesses e posições da outra parte;
- envolvimento em discussões nas quais cada ponto deve ser defendido e justificado. Cuidado para não se tornar inflexível, "aprisionando-se" à sua própria posição;
- ameaças à outra parte de forma improdutiva. Em lugar disto, use técnicas para influenciá-la. Ajude-a entender sua posição e mostre-lhe o quanto as necessidades dela serão atendidas se ela também compreender seus interesses.

Avaliando o processo da negociação internacional

Basicamente, o gestor internacional poderá aumentar sua eficiência em negociação preparando-se antecipadamente, adquirindo e desenvolvendo técnicas e conhecimentos adequados de comunicação e, principalmente, jamais deixando de considerar aprendizados de experiências passadas. Em outras palavras, os negociadores mais eficientes estão em constante aprendizado. Após cada episódio vivido, refletem sobre o ocorrido como forma de identificação e avaliação dos resultados. Muitos de nós já passamos certamente por esse diagnóstico, originando os seguintes questionamentos, entre outros:

❑ Será que fiz muitas concessões?
❑ Eu estava muito envolvido emocionalmente a ponto de interferir no resultado?
❑ Como conduzi a negociação e o tempo envolvido?
❑ Prestei a devida atenção às diferenças culturais envolvidas na mesa de negociação?
❑ Qual das partes fez mais questionamentos? Quem falou mais? Quem se calou?
❑ Identifiquei, de fato, as reais necessidades apontadas pela outra parte?
❑ Estou satisfeito, efetivamente, com o resultado final da negociação? Por quê? Ou por que não?
❑ O que faria diferente na próxima negociação?
❑ Sinto que tenho avançado no domínio do processo de negociação internacional?

Obviamente, muitas outras questões poderiam ser consideradas. Entretanto, o mais importante é observar que, na maioria dos processos envolvidos, alguns pontos se repetem e são vitais para alcançar o sucesso numa negociação. Por exemplo, quando um negociador está bem-preparado, geralmente ganha o respeito da outra parte, tornando o processo mais legítimo, e leva a negociação a um nível de acordo melhor. É o que chamamos de conquistar legitimidade.

Tratando de perguntas e de alcançar a legitimidade, e considerando a essência do negociador internacional e sua trajetória em ambientes globais, acreditamos ser relevante reforçar a importância de sempre estarmos nos questionando. Não se trata de questionamentos complexos; ao contrário, trata-se de um exercício constante e regular de fazermos perguntas simples. Isso, de repente, não seria uma estratégia frágil e ineficaz? Por que, normalmente, acredita-se que responder às questões mais simples sempre parece mais complicado? Talvez porque tais questionamentos simplórios sempre nos levem diretamente ao ponto, e, justamente por serem diretos, normalmente indiquem o cerne e a essência que às vezes nosso íntimo busca esconder por meio de mirabolantes desculpas ou entraves. Isso acaba, em várias oportunidades, por cercear nossos verdadeiros objetivos e buscas reais.

Tal aspecto torna-se ainda mais relevante no ambiente de negociações internacionais, pois, apesar de estarmos lidando com cenários estranhos ao nosso cotidiano, normalmente a luz e a clareza originadas pela simplicidade das análises servirão como um guia rápido, certeiro e eficaz em qualquer circunstância.

Peter Drucker, considerado um dos mais importantes especialistas em teorias e comportamentos gerenciais, já abordava, há mais de 20 anos, a importância de tal prática em seu livro *The five most important questions you will ever ask about your nonprofit organization* (Drucker, 1993).

Basicamente, o método pode ser traduzido pela figura 14.

Figura 14
QUESTIONAMENTOS DOS NEGOCIADORES, INCLUSIVE NO ÂMBITO GLOBAL

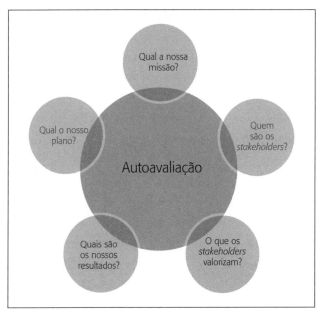

Fonte: Adaptada de Drucker (1993).

Apesar da consideração de Drucker, pela ótica de instituições do terceiro setor certamente vemos a importância de questões tão simples e diretas no foro íntimo de cada gestor em qualquer tipo de negócio, inclusive e especialmente na gestão de negócios internacionais.

É uma forma de olharmos para dentro de nós mesmos e identificarmos as oportunidades, ameaças e mudanças nos negócios que estamos conduzindo. Ou, ainda, a maneira como planejamos e como podemos criar valor, inovar, direcionar e monitorar os resultados com mais critérios e efetividade.

Adaptamos essa filosofia como uma ferramenta simples de autoavaliação porque acreditamos ser um método interessante, direto e eficaz de identificar, avaliar e controlar algo no qual estamos envolvidos – o quê, por quê e como mudar para melhorarmos o resultado buscado.

Atuando internacionalmente, o negociador global pode facilitar seu autodesenvolvimento por meio da consideração de relevantes questionamentos que ajudarão no seu desenvolvimento no ambiente internacional. O quadro 7, elaborado com base na argumentação contida no livro de Peter Drucker (2008), oferece alguns exemplos de tais questionamentos.

Mais importante do que simplesmente obter as respostas aos questionamentos mostrados na estratégia anteriormente indicada é entender que se trata de um recurso extremamente simples e flexível. O que importa, no caso do negociador global, é o ambiente internacional em que está inserido. Há uma gama enorme de incertezas e ambiguidades no cenário internacional. Não temer tais incertezas, lidar com o desconhecido e adotar uma atitude positiva com o erro são as principais chaves que abrirão portas para o sucesso internacional. Afinal, errar e abusar da resiliência diferencia e prepara o negociador que persegue e quer experimentar o êxito. Como funciona? É como uma espécie de bússola, composta por autoconhecimento conjugado com conceitos, técnicas e ferramentas amplamente estudados há anos por especialistas em gestão. É um convite ao negociador global no sentido de resgatar uma autoavaliação para melhor aplicação na tarefa de gerenciamento e negociação, independentemente do grau de complexidade do ambiente internacional.

Por isso, além do cuidado nos questionamentos anteriores, o tópico seguinte trata da relação entre a simplicidade do preparo do negociador global e a complexidade de cenários internacionais.

Quadro 7
QUESTIONAMENTOS ESSENCIAIS QUE O NEGOCIADOR GLOBAL DEVE FAZER

Qual a nossa missão?	Significa a orientação não apenas do que fazer, mas também do que não fazer. É o propósito, a razão de ser do nosso negócio. É também o legado pelo qual o negociador global quer ser lembrado. Quais os desafios? Quais as oportunidades? Qual o foco e que objetivo perseguimos?
Quem são os stakeholders?	*Stakeholders* são todas as partes interessadas – pessoas, grupos ou entidades, com legítimos interesses no desempenho de uma organização, que podem afetar ou ser afetados. No ambiente internacional, às vezes, os interessados no negócio apresentam características completamente distintas daquelas com as quais estamos acostumados a lidar no nosso dia a dia. Isso diz respeito a todos aqueles que estão envolvidos no processo. O negociador global deve ser um mestre na percepção e identificação imediata de quem são tais interessados e quais as suas características. Qual o principal interessado? Quais oferecem apoio? São inovadores ou conservadores? Mudam ou mantêm o apoio?
O que valorizam os stakeholders?	O negociador global deve buscar conhecer seus interlocutores internacionais e saber no que a cultura destes diferencia-se de sua própria cultura. O que valorizam e em que são diferentes de nós? Que conhecimentos distintos devemos ter e que tratamentos diferenciados devemos dispensar a esses interlocutores? Há diferenças cruciais? Há similaridades? Há um padrão?
Qual o nosso plano?	O negociador global que obtém maior efetividade é aquele que tem bem-definidos: um resumo formatado do propósito maior de aonde quer chegar, o negócio em que está envolvido e o programa de ação que visa atingir as metas criadas. Aqui lembramos que qualquer plano estratégico engloba missão, visão, metas a serem cumpridas, macro e micro-objetivos, plano financeiro e mensuração dos resultados. Serve como uma bússola ao negociador global. Nossas metas devem ser alteradas? Nossa missão está correta? Estamos no curso?
Quais são os nossos resultados?	O negociador global deve ser hábil na construção de uma identidade de controle pessoal e organizacional que lhe possa quantificar sua eficiência, ainda mais atuando em ambientes distintos, como na negociação internacional. Resultados são definidos por comportamento, circunstâncias, competências e capacidades das pessoas e dos negócios. Como encontramos os resultados? Como saber se estamos sendo efetivos ou não? O que precisamos incentivar? O que é necessário revisar? O que mudar?

Fonte: Baseado em Drucker (2008).

O negociador internacional de sucesso

Em geral, os negociadores mais exitosos são aqueles com maior desenvoltura em técnicas de negociação e tomadas de decisão, alteração de rotas e, principalmente, no conhecimento de como lidar com pessoas.

A negociação entre culturas é um processo cada vez mais buscado e desenvolvido pelas organizações por estar diretamente relacionado ao crescente interesse dos negócios num mundo globalizado. Diferentemente da negociação doméstica, a negociação internacional lida com desafios interculturais, percepções e diferenças de valores, assim como com concepções de poder normalmente não identificadas de imediato. Portanto, a sugestão é um preparo e um envolvimento maiores do gestor, especialmente nas primeiras fases do processo de negociação internacional.

Um bom preparo ou planejamento faz toda a diferença. Mas como lidar com cenários cada vez mais cambiantes numa convivência mundializada?

É certo que atualmente somos invadidos por grande quantidade de informações, condição bem diferente de algum tempo atrás. Torna-se imprescindível a percepção rápida do novo, tamanho o câmbio das condições. Hoje, campanhas globais de negócios que não levem em conta a diversidade cultural estão fadadas ao fracasso quase que instantaneamente. A velocidade incrível proporcionada pela penetração de novas tecnologias a cada momento influencia os comportamentos e hábitos das pessoas no mundo todo, fazendo-as trocarem suas preferências e formas de comunicação.

Atento às constantes mudanças e desafios dessa nova realidade, o gestor global passa a trabalhar para ser precursor de atividades em seu setor de negócios. Sabe que pode conquistar ou promover a liderança, ser um seguidor de tendências ou simplesmente permanecer como um espectador, no meio das mudanças rápidas, e fazendo sempre as correções, conforme são necessárias. Se decidir ser o precursor ou líder, certamente deverá contar com habilidades em usar e abusar dos recursos de tecnologia para apoiá-lo na criação de tendências, mudanças e inovações que lhe permitam estar sempre à frente dos concorrentes.

Da mesma forma acontece com o negociador global. O grande desafio que enfrenta num ambiente globalizado consiste justamente em ser divulgador itinerante das facilidades e vantagens quando passa a operar globalmente e de forma regular. Uma espécie de educador e líder, que conquista apoio, recursos e cria valor constante para a esfera de negócios dos quais participa, seja por meio da coordenação de pessoas ou pelo incentivo de parcerias multiculturais. Importante ressaltar que esse comunicador universal geralmente não é comandado pela própria cultura, e sim pela capacidade que tem de agir e negociar em constantes novas formações ou realidades. Esse profissional respeita as outras culturas, identifica valores, reconhece necessidades e aprecia as diferentes argumentações dos interlocutores estrangeiros. Assim, facilmente, o negociador internacional vai-se destacando e mostrando maiores competências e habilidades para gerir o novo, incomum à própria cultura.

Geralmente os negociadores globais são sensíveis, facilitadores e ótimos comunicadores. São competentes promotores e formadores de equipes multidisciplinares, inovadores e operadores que transitam de maneira confortável pelas várias culturas e ambientes diferenciados, sem constrangimentos ou dificuldades extremas. Têm abertura e flexibilidade na consideração da perspectiva do outro, estando muito atentos às atitudes, mudando as percepções constantemente.

Com tais características, esse cidadão do mundo conquista o que podemos classificar como uma valiosa sinergia cultural.

Tal condição equilibra diferenças e aproveita o melhor das culturas, ainda que exposto num ambiente de constantes mudanças aceleradas.

Consciente dos benefícios de tais características e seguro de que se trata de um processo gradual, o gestor atento passa a desenvolver cada vez mais a mentalidade do negociador global, tão caracterizada por aguçada percepção e visão integrativa, sempre considerando as novas perspectivas dos terceiros internacionais.

Dessa forma, o ambiente de negócios internacionais e os profissionais envolvidos são constantemente afetados por diferentes sistemas de valores e práticas de negócios. Quanto mais entendermos e adotarmos uma atitude de compreensão e aceitação das diferenças interculturais, assim como a clara visão de interdependência dos países, mais aptos e preparados estaremos para atender à atual demanda global de negócios.

É fundamental entendermos como a mudança da natureza dos negócios, conduzidos cada vez mais por empresas internacionalizadas, também exigirá a atuação de um novo perfil de profissional. Como mencionamos, igualmente importante será reunir qualidades como ser flexível, atualizado e articulado com novas tecnologias, ter a mente aberta e, principalmente, manter as características de um grande e simples comunicador, sensível às necessidades do outro e grande conhecedor e inspirador da alma humana.

Conclusão

Ao longo deste livro, buscamos mostrar que o negociador internacional deve incorporar competências especificamente voltadas para uma atuação profissional em ambientes globalizados. Seu principal desafio é desenvolver uma mentalidade internacional por meio da consciência e sensibilidade acerca da diversidade cultural e das características culturais do processo de negociação em diferentes países, além de saber como atuar estrategicamente ao longo do processo de negociação, de acordo com o conhecimento que possui dos diferentes fatores culturais, políticos, sociais, econômicos e legais que podem influenciar a sustentabilidade do acordo negocial.

Desse modo, a tolerância, a aceitação das diferenças, a habilidade de ouvir e de não criar estereótipos permitem ao negociador alinhar-se apropriadamente com outras mentalidades e realidades pessoais, profissionais e mercadológicas, e assim adotar princípios, estratégias, abordagens e táticas de negociação para incrementar suas chances de êxito na dimensão internacional.

O negociador brasileiro, historicamente, reconhece a outra parte – seja ela um cliente, fornecedor ou distribuidor logístico

– como um adversário, oponente ou inimigo. Sua percepção do conflito, na maioria das vezes, está associada a perdas, desgastes, tensão. Sua visão da negociação é a de um campo de batalha, no qual os ganhos de uma parte se darão à custa das perdas da outra. Portanto, somente uma das partes sairá vitoriosa.

A abordagem moderna de negociação tem como foco principal a solução conjunta dos dilemas negociais e a criação de valor para todas as partes envolvidas. Assim, a maioria dos negociadores brasileiros vive, em seu dia a dia profissional, os desafios de repensar seu modelo mental inerentemente competitivo, adotar abordagens mais cooperativas em ambientes internacionalizados altamente competitivos, buscar convergência entre os interesses das partes e criar consenso em cenários de antagonismo, visando estabelecer relações duradouras, uma imagem positiva e negócios sustentáveis.

Para lidar com esses desafios, o negociador internacional brasileiro conta agora com uma ferramenta valiosa: a matriz de negociações complexas, que pode auxiliá-lo a se tornar um negociador global, um cidadão do mundo, que saberá gerenciar a eterna tensão entre colaborar e competir, criar e reivindicar valor em uma negociação de forma justa e legítima.

A civilização mostra que os negociadores globais têm de se preocupar com a reputação, com a responsabilidade social, com o prazer da sociabilidade e com a sustentabilidade. As empresas precisam manter um clima organizacional positivo para manter trabalhadores, clientes, fornecedores e parceiros. A busca de relacionamentos duradouros leva os negociadores a serem responsavéis, éticos e a buscarem a franqueza amistosa.

É certo que a diversidade cultural aumenta a complexidade das interações nas negociações internacionais, aumentando significativamente a possibilidade de interpretações equivocadas e mal-entendidos. Muitas negociações internacionais resultam em insucessos comerciais devido a interferências de aspectos culturais intangíveis que se infiltram despercebidamente na dinâmica da negociação e na relação entre as partes, determinando de forma silenciosa seu desfecho.

Como negociadores internacionais, os brasileiros devem criar um espaço negocial que possa acomodar a multiplicidade de dimensões, ambientes, linguagens, estilos de comunicação, conceitos de hierarquia, processos de tomadas de decisão, crenças, ideologias, aspectos culturais e manias. Essencialmente, trata-se de interagir em um único idioma, exigindo de cada um de nós cuidados e atenção ao outro. De forasteiros que somos quando visitamos um país pela primeira vez, e estrangeiros nas contínuas visitas e relacionamentos, devemos desenvolver confiança. Mas como? Como podem confiar em nós, a quem só conhecem há pouco?

Há uma grande oportunidade que gostaríamos de reforçar aqui: a de ser aquele negociador que vai além das questões fartamente consideradas nas páginas anteriores deste livro sobre o ambiente externo, a diversidade cultural e as necessidades imputadas pelo atual mundo globalizado. Você conseguirá ser um negociador global eficiente por meio de atitudes como empatia e assertividade, que lhe tragam a necessária legitimidade para atuar nas relações e interações com negociadores interculturais em qualquer parte do mundo. Talvez esta, de todas as diretrizes que mencionamos, ainda seja uma das mais efetivas e consistentes que tornarão você, leitor, um negociador global diferenciado.

Como autores, preferimos a simplicidade de considerar a negociação como uma arte. É arte de relacionamento, convivência, com a finalidade de mútua satisfação. Tornar-se um negociador global, então, significa atender e compreender o tema negociação com a visão dos olhos perspicazes e atentos do artista doméstico, entender a negociação internacional como um processo evolutivo, um processo de revisar e atualizar suas próprias percepções e crenças, com deslumbramento, curiosidade, coragem para o inusitado e, principalmente, aceitação do novo de forma natural, com o objetivo de criar uma mentalidade de *fair play* cooperativo e uma motivação para se superar em um ambiente hipercompetitivo.

Nas páginas deste livro buscamos uma combinação de teorias e conceitos, opiniões e motivações. E uma mensagem de paixão nas entrelinhas, um sentimento que potencializa nossos resultados como passageiros em um circuito global interconectado e veloz. Não há, no entanto, como subestimar as características individuais de cada um. Uns são mais ousados, desinibidos e carismáticos do que outros.

As oportunidades por construir e explorar são inúmeras, e há uma razão maior para você, leitor, acreditar que desenvolver as competências necessárias para atuar em negociações internacionais é de fundamental importância em sua carreira profissional: entender que negociações criativas tornam-se cada vez mais necessárias, e a inteligência cultural, um diferencial como nunca.

Desejamos a você imenso sucesso como negociador internacional.

Referências

ARROW, K. et al. Y. *Barreiras para resolução de conflitos*. Rio de Janeiro: Saraiva, 2011.

BAZERMAN, M. *Processo decisório*: para cursos de administração, economia e MBAs. Rio de Janeiro: Campus, 2004.

BERRY, J. W. Acculturation as varieties of adaptation. In: PADILLA, Amado M. (Ed.). *Acculturation*: theory, models, and some new findings. Boulder, CO: American Association for the Advancement of Science, 1980. p. 9-25.

BLAKE, R; MOUTON, J. *O grid gerencial III*. Rio de Janeiro: Thompson Pioneira, 2000.

BRASIL. Ministério do Desenvolvimento, Indústria e Comércio Exterior. *Balança comercial brasileira*: dados consolidados. Brasília, DF: MDIC, 2012. Disponível em: <www.desenvolvimento.gov.br/arquivos/dwnl_1365787066.pdf>. Acesso em: 28 out. 2013.

BRETT, J.; BEHFAR, K; KERN, M. C. Managing multicultural teams. *Harvard Business Review*, v. 84, n. 11, nov. 2006.

BROILO, Gustavo F.; DUZERT, Yann; SPINOLA, Ana T. The matrix of complex negotiations case study: negotiating with the Chinese at a time of crisis. *Journal US-China Public Administration*, v. 7, n. 2, p. 24-33, fev. 2010.

CAVALCANTI. B. *O gerente equalizador*: estratégias de gestão no setor público. Rio de Janeiro: FGV, 2007.

CAVUSGIL, Salih Tamer; KNIGHT, Gary A.; RIESENBERGER, John R. *International business strategy, management and the new realities*. Upper Saddle River, NJ: Pearson Prentice Hall, 2008.

DICKEN, P. *Global shift*. Nova York: Guilford, 1992.

DRUCKER, P. F. *The five most important questions you will ever ask about your nonprofit organization*. São Francisco, CA: Jossey-Bass, 1993.

_____. *The five most important questions you will ever ask about your organization*. Trad. Marcia Nascentes. Rio de Janeiro: Elsevier, 2008.

DUZERT, Yann; SPINOLA, Ana T.; BRANDÃO, Adalberto. *Negociações empresariais*. São Paulo: Saraiva, 2010.

FISCHER. R.; URY, W.; PATTON, B. *Getting to yes*: negotiating agreement without giving in. 2. ed. Nova York: Penguin, 1991.

FURHAM, A.; BOCHNER, S. *Culture shocks*: psychological reactions to unfamiliar environments. Nova York: Methuen, 1986.

HOFSTEDE, G., HOFSTEDE, G. J.; MINKOV, M. *Cultures and organizations*: software of the mind. 3. ed. Nova York: McGraw-Hill, 2010.

HOPPE, Michael. *Culture and leader effectiveness*: the GLOBE study. Global Leadership and Organizational Behavior Effectiveness (GLOBE) Research Program. Filadélfia, PA: University of Pennsylvania, 2007. Disponível em: <www.inspireimagineinnovate.com/PDF/GLOBEsummary-by-Michael-H-Hoppe.pdf>. Acesso em: 30 jul. 2013.

KARRASS, Chester L. *The negotiating game*: how to get what you want. Nova York: Harperbusiness, 1994.

LEMPEREUR, A.; SEBENIUS, J.; DUZERT, Y. *Manual de negociações complexas*. Rio de Janeiro: FGV, 2001.

_____; COLSON, A.; DUZERT, Y. *Método de negociação*. Rio de Janeiro: Atlas, 2009.

MARTINELLI, D.; VENTURA, C.; MACHADO, J. *Negociação internacional*. São Paulo: Atlas, 2003.

MCLUHAN, M. *Understanding media*: the extensions of man. Nova York: McGraw-Hill, 1964.

MNOOKIN, R. *Negociando com o diabo*. São Paulo: Gente, 2011.

_____; SUSSKIND, L. *Negotiation on behalf of other*. Thousand Oaks, CA: Sage, 1999.

NASH, J. The bargaining problem. *Econométrica*, v. 18, n. 2, p. 155-162, abr. 1950.

SALACUSE, J. W. Negotiating: the ten ways that culture can affect your negotiating. *Negotiation Journal*, Boston, MA, v. 14, n. 3, p. 221-240, jul. 1998.

_____. *The global negotiator*: making, managing and mending deals around the world in the twenty-first century. Nova York: Palgrave MacMillan, 2003.

SEYMOUR-SMITH, M. *Os 100 livros que mais influenciaram a humanidade*. Rio de Janeiro: Difel, 2004.

SINEK. S. *Start with why*. Londres: Penguin Books, 2009.

SIRKIN, Harold L.; HEMERLING, James W.; BHATTACHARYA, Arindam K. *Globality*: competing with everyone from everywhere for everything. (Título em português: *Globalidade*: a nova era da globalização. Como vencer num mundo em que se concorre com todos, por tudo e por toda parte. Trad. Marcello Lino. Rio de Janeiro: Nova Fronteira, 2008.)

SUSSKIND, L.; CRUIKSHANK, J.; DUZERT, Y. *Quando a maioria não basta*. Rio de Janeiro: FGV, 2008.

_____; DUZERT, Y.; LEMPEREUR, A. *Facilitier la concertation*. Paris: Eyrolles, 2006.

THOMAS, D.; INKSON, K. *Cultural intelligence*: living and working globally. São Francisco, CA: Berrett-Koehler, 2009.

THOMAS, K.; KILMANN, R. *Thomas-Kilmann conflict mode instrument*. Mountain View: CPP, 2002.

THOMPSON, L. *The mind and heart of the negotiator*. Nova Jersey: Prentice Hall, 1998.

TROMPENAARS, F.; HAMPDEN-TURNER, Charles. *Riding the waves of culture, understanding diversity in global business*. Nova York: McGraw-Hill, 2011.

TVERSKY A; KAHNEMAN, D. *Choices, values and frames*. Nova York: Cambridge University Press, 2000.

Os autores

Ingrid Paola Stoeckicht

Doutora em engenharia civil e mestre em sistemas integrados de gestão pela Universidade Federal Fluminense (UFF). Pós-graduada em inteligência empresarial, gestão do conhecimento e gestão de recursos humanos, pelo Crie/Coppe da Universidade Federal do Rio de Janeiro (UFRJ). Consultora nas áreas de negociação internacional, gestão do conhecimento e inovação, atuando há 20 anos em empresas nacionais e multinacionais. Professora convidada do FGV Management e do FGV Projetos nas áreas de negócios internacionais, negociação e gestão da inovação.

Dorval Olivio Mallmann

Doutor em administração, mestre em administração e graduado em engenharia elétrica pela Universidade Federal do Rio Grande do Sul (UFRGS). Foi *visiting fellow* da Universidade de Sussex, na Inglaterra, e executivo de diversas empresas multinacionais alemãs, francesas e norte-americanas, além de consultor nas áreas de estratégia empresarial e negociação. Professor convidado do FGV Management nas áreas de negociação, estratégia empresarial, tomada de decisão e jogos de negócio.

João C. Men

Mestre em gestão de negócios pelo ISCTE (EUA e CEE). Mestre em administração pela UFRJ (convalidação). Pós-graduado em gestão empresarial e docência pela Fundação Getulio Vargas. Bacharel em administração pela Universidade Municipal de São Caetano do Sul/Instituto Municipal de Ensino Superior (USCS/Imes). Atuou como executivo em empresas multinacionais como Nestlé, Parmalat, Mangels, Arisco, Santher, Fichet. Consultor de comércio exterior e negociação. Professor convidado do FGV Management nas áreas de negociação, gestão, marketing e negócios internacionais.

Yann Duzert

Pós-doutor pelo MIT-Harvard Public Disputes Program/ Program on Negotiation. Doutor em gestão pela École Normale Supérieure. Coordenador do *pre-doctorate in business administration* e do MBA *global premium* do Instituto de Desenvolvimento Educacional (IDE) da Fundação Getulio Vargas (FGV). Professor convidado de negociação dos programas do FGV Management. *Affiliate professor* da École Supérieure de Commerce de Rennes (ESC Rennes). Consultor em negócios para governo e empresas internacionais. Autor de 10 livros sobre negociação.